渋沢栄一『論語と算盤』を読む

志學館大学教授
鹿児島大学名誉教授
原口 泉

幻冬舎

はじめに　危機の時代にこそ生きる「論語と算盤」の知恵

今、日本という国は、世界史的に大変な時期を迎えています。

第二次世界大戦後、半世紀以上にわたって勝利と繁栄を誇ってきた資本主義体制が、いたるところで限界や破綻を露呈し、またそうした体制崩壊と無関係とはいえない地球規模での環境悪化や自然災害、新型コロナウイルス感染症のパンデミックが広がっています。こうした世界的な危機を背景に、日本の前途にも払いがたい黒雲が垂れ込めているのです。世界史的な危機の中で、日本の選択が迫られた歴史的時期としては、江戸時代の幕末から明治維新後の時代が、まさに現代の日本に重なります。

幕末はペリー来航から始まり、列強の植民地政策が激化する中で、アメリカの南北戦争による綿花飢饉《ききん》が世界各地に飛び火し、経済的な大混乱に突入していました。

この世界的混乱に、幕府は長い幕藩体制の制度疲労で対応しきれず、うろたえました。

この姿は、現代において、自ら生み出した繁栄システムの行き詰まりにもがき苦しむ、日本や世界の経済システムと重ね合わせることができます。

こうした世界的な混乱を背景にした明治維新の中で、列強に負けない日本の経済界・実業界を作り上げ、後世の経済成長にまで影響を与えたのが渋沢栄一でした。渋沢の知見は、現代の世界的危機の中でこそ思い起こされるべきです。

私は以前、『世界危機をチャンスに変えた幕末維新の知恵』（PHP新書）という本を書きましたが、この本の主役の一人が渋沢でした。幕末から明治・大正の激動期に、ピンチをチャンスに変え、「日本資本主義の父」と呼ばれるようになった渋沢の考え方や行動規範は、時代を超えて通用するはずです。

幸いにも渋沢は、その経験や思想のエッセンスを、『論語と算盤《そろばん》』という一冊のわかりやすい談話記録で残してくれています。あらためてこの書を読むと、ここ一〇年でさらに際立ってきた日本の危機を救うための教訓が、随所に見出せます。

ここ一〇年といえば、構造改革路線の推進者だった経済学者・中谷巌氏の『資本主義はなぜ自壊したのか』（集英社文庫）に代表される、かつての日本の進路の大転換を迫る風潮が際立ってきていました。

アメリカ流の新自由主義や市場原理主義の誤りを懺悔《ざんげ》し、いわば資本主義の限界を認めるという風潮ですが、渋沢の『論語と算盤』は、すでにこうした欧米流資本主義の限界を予見していた節がうかがえます。

渋沢が育ててきた日本の資本主義は、本来、欧米流の資本主義とはかなり違うと主張する学者もいます。むしろ日本の資本主義は、階級格差や社会福祉などに極力配慮した「社会主義的資本主義」であったはずなのに、それが変質してしまったというのです。

渋沢は、生涯に五〇〇近くの企業の育成に関わった一方で、それをしのぐ約六〇〇の社会公共事業や民間外交にも尽力したといわれています。しかも、渋沢はこれを、世の中によくある「功成り名遂げた」あとの余力として行ったのではなく、苦難の多い企業の設立・育成という事業と同時に進めているのです。

東京商工会議所が挙げるリストによれば、渋沢が設立に関わった四八一社のうち一八六社が今も存続しています（二〇一九年一〇月時点）。栄枯盛衰が当たり前の経済界で、設立した会社の四割近くが、『論語と算盤』でも主張している「永続性」を備える企業に育っているということです。

このことを現代社会に適用すれば、まさに二〇一五年九月の国連サミットで採択された、よりよい世界を目指す世界目標、ＳＤＧｓ《エス・ディー・ジーズ》（持続可能な開発目標）を叶えるものと言ってもいいはずです。

これこそまさに「論語」と「算盤」の並立でしょう。そこには、今苦境に立っている資本主義を、力強く再生するヒントや知恵が含まれているのではないでしょうか。

渋沢が、日本の資本主義の限界や曲がり角で再度注目されているのは、「日本資本主義の父」であるからこそ、そこにあらためて肝に銘ずべき「資本主義の原点」を見出せるからでしょう。


経営学の権威ピーター・ドラッカーは、一九七四年に出版した『マネジメント　課題・責任・実践』（ダイヤモンド社）の「日本語版への序文」で次のように述べています。

「率直にいって私は、経営の『社会的責任』について論じた歴史的人物の中で、かの偉大な明治を築いた偉大な人物の一人である渋沢栄一の右に出るものを知らない。彼は世界のだれよりも早く、経営の本質は『責任』にほかならないということを見抜いていたのである」

「本書は経営の『社会的責任』と『利潤』との間には、いささかも基本的対立のないことを主張している」

この「社会的責任」を「論語」に、「利潤」を「算盤」に言い換えれば、渋沢の言う「論語と算盤」そのものの経営理念といえるでしょう。

最近、資本主義研究の大きな成果として評価の高い著作に、ハーバード大学の経済学者レベッカ・ヘンダーソン氏の著書『資本主義の再構築』（日本経済新聞出版）があります。

私はこの本を大学の講義テキストとして使っているのですが、この本でも、企業が従来の短期利益・株主価値追求から脱却し、社会貢献を重視した長期利益を求めるビジネスモデルによって、資本主義を内側から再構築する考え方が力説されています。まるで「欧米版・論語と算盤」とでもいえそうなほど、渋沢と通じるものを感じます。

渋沢の考え方のエッセンスである『論語と算盤』には、すでに何冊もの解説本が出版されていますが、本書では今述べてきたような歴史的観点から、「ピンチをチャンスに変える」知恵に満ちた教訓に重点を置いて解説します。

渋沢の真意が伝わるよう、本の構成も『論語と算盤』原著にある「処世と信条」から

「成敗と運命」にいたる一〇章構成をそのまま踏襲し、各項の見出しの表現も生かしながら、わかりやすい解説を試みました。

また、このような渋沢の思想や生き方がどのようにして形作られたか、その生い立ちや青年時代の体験、実業界での足跡などを知ってから本文をお読みになりたい方は、巻末の「解説」を先にお読みになるか、適宜途中でご参照ください。

ただ、渋沢の生きた幕末から明治・大正、そして昭和初期と我々の生きる現代では、時代背景がかなり違います。また、渋沢が見た歴史的事実やその解釈とは異なった事実が現代になって明らかにされた場合もあり、当時とはまったく別の評価がされることもかなりあります。

本書ではそのあたりにも配慮して、渋沢の卓見に敬意を払いながらも、それらをすべて鵜呑みにすることなく、場合によっては現代の歴史的観点からの批判的見直しをも試みています。そうしたこともお含みの上、お読みいただければ幸いです。

渋沢栄一といえば、二〇二四年からは新一万円紙幣の顔にもなります。また、二〇二一年のNHK大河ドラマ『青天を衝《つ》け』の主人公でもあり、まさに時代が渋沢を呼んでいるかのようです。このタイトル『青天を衝け』は、若き渋沢が家業の藍玉を売りに信州に向かうときに詠んだ漢詩、「勢い青天を衝き、臂《ひじ》を攘《まく》って躋《のぼ》る。気は白雲を穿《えぐ》り、手に唾して征《い》く」から取ったそうです。

このドラマにしても本書にしても、歴史的な危機状況で大変な世の中に、それこそ「勢い青天を衝き、気は白雲を穿る」ような元気づけをしてくれるものであってほしいと、ひたすら念じています。

二〇二一年一月　原口 泉

＊本書での『論語と算盤』原文の引用は、読者の参照しやすい角川ソフィア文庫版『論語と算盤』に拠りました。読みやすさのために、適宜ルビなどを補いました。感謝とともにお断りしておきます。

＊他の引用と区別するため、『論語と算盤』原文からの引用のみ太字にしました。引用文中の「……」は省略、カッコ内は著者の注や補足です。

＊原書の全一〇章九〇項目の中から、とくに著者が現代人にとって必要と考えた五三項目を選びました。読者にはぜひ全文をご参照いただきますようお勧めします。

渋沢栄一『論語と算盤』を読む　目次

第2章 論語と算盤「立志と学問」を読む

第3章 論語と算盤「常識と習慣」を読む

第4章　論語と算盤「仁義と富貴」を読む

第5章 論語と算盤「理想と迷信」を読む

第6章　論語と算盤「人格と修養」を読む

第7章 論語と算盤「算盤と権利」を読む

第10章 論語と算盤「成敗と運命」を読む

写真提供　渋沢史料館
カバーデザイン　萩原弦一郎（256）
本文デザイン・DTP　美創
編集協力　アイ・ティ・コム

第1章

論語と算盤

「処世と信条」を読む

論語と算盤は甚だ遠くして甚だ近いもの

政治・軍事に勝る国づくりの役割を持つ実業を永続させるためにこそ、仁義道徳が必要なのだ

渋沢は『論語と算盤』の冒頭で、この本のテーマをはっきり示しています。

「これは甚《はなは》だ不釣合で、大変に懸隔《けんかく》した（かけ離れた）ものであるけれども、私は不断にこの算盤は論語によってできている。論語はまた算盤によって本当の富が活動されるものである。ゆえに論語と算盤は、甚だ遠くして甚だ近いものであると始終論じておるのである」

世間的な常識では、「論語」とは仁義道徳・聖人君子の象徴、「算盤」とは世俗的な利益

追求の道具であり、およそ相容れない、むしろ正反対な存在です。

しかし、じつはその隔絶したものが、本当は非常に近いもの、むしろ「算盤は論語によってできていて、論語はまた算盤によってその本当の富が生きる」ということを、この本で言いたいと宣言しているのです。

そして、たまたま自分が七〇歳になったときにもらったという画帳の中の印象的な一枚の絵について述べています。ちなみに、二〇二四年からの新一万円紙幣に使われる肖像は、七〇歳の写真をもとにしたものだそうです。

この画帳の一枚に、**「論語の本と算盤と、一方には『シルクハット』と朱鞘《しゅざや》の大小の絵が描いてあった」**というのです。じつはこの絵の実物が、東京・北区の渋沢史料館に保管されています。『常設展示図録』にも収録されていて、たしかに興味ある絵です。

和綴じの論語の本が四冊重ねてあり、その後ろに算盤が一挺、さらに後ろに朱鞘の太刀が一振り。渋沢は「大小」と述べていますが小刀はありません。

その横に立派なシルクハットと真っ白な手袋が描かれ、さらに左上に墨書で「論語を礎として商事を営み　算盤を執《とり》て士道を説く　非常の人　非常の事　非常の功　明治四十二年一月」とあり、最後に描き手の署名と思われる「正」の一字があります。

渋沢史料館によれば、この「正」は長岡藩出身の画家・小山正太郎のことだそうです。小山は教育者としても多くの有名な画家を育てたほか、漢籍にも詳しくて画題にもよく漢籍からの言葉がつけられていたといいます。

そんな小山でしたから、渋沢が日ごろ「論語」をもとに事業を営み、「算盤」を手にしながら武士道を説いていることに、「非常の人 非常の事 非常の功」と深く共鳴していたのでしょう。

そしてある日、二松学舎の創立者である東京帝大教授の漢学者・三島毅《たけし》（中洲《ちゅうしゅう》）がこの絵を見て大いに感心し、こう述べたといいます。


「甚だ面白い。私は論語読みの方だ。お前は算盤を攻究している人で、その算盤を持つ人が、かくのごとき本を充分に論ずる以上は、自分もまた論語読みだが算盤を大いに講究せねばならぬから、お前とともに論語と算盤をなるべく密着するように努めよう」

じつはこの三島の発案がもとになって、その後、渋沢の「論語と算盤」論が広がることになったと、三島の高弟である山田済斎《せいさい》が言っています。

山田によれば、この「論語算盤説」は、渋沢に抜擢された実業家・福島甲子三《かしぞう》が渋沢の古希祝いに贈った書画帖の「小山正太郎画伯の筆になれる絹帽と太刀、論語と算盤との図を見て旧師三島中洲翁の作れる所にして、これより所謂論語算盤説有名となれり」（『竜門雑誌』山田の演説より）という経緯だったようです。

この絵で、もう一つ特徴的なのは「武士道」を象徴する刀です。

画家・小山正太郎の出身地・長岡藩といえば、司馬遼太郎の小説『峠』（新潮文庫）で描かれた幕末の家老・河井継之助や、やはり幕末、目先の食料よりも教育への投資を訴えて人材を育てた小林虎三郎の「米百俵」のエピソードのこと、そして長岡藩家老の娘・杉本鉞子《えつこ》が明治になって英語で書いた、新渡戸稲造の『武士道』と並ぶ名著*A Daughter of the Samurai*（武士の娘）などを思い出します。

この画帳の送り主・福島甲子三も長岡の人であり、渋沢と長岡藩の縁は浅からぬものがあります。

冒頭にこの絵のことを述べていることからも、「論語」と「算盤」だけでなく「シルクハット」や「太刀」も含めて、渋沢はこの絵を大変気に入っていたのでしょう。

おそらくここには、渋沢の言いたいことが凝縮されていて、それを漢学者・三島毅が読み取ってくれたのだと思われます。渋沢は三島にいたく傾注していたようで、自著『論語講義』（講談社学術文庫）の中などでも、随所に「三島中洲先生曰く」と書いて三島の学識を尊重しています。

もちろん「論語と算盤の密着」とは、「義」と「利」、つまり道義・倫理といった人の道と利益追求を同時に兼ね備えた活動をしようという理念であることは間違いないのですが、しかし渋沢は、決してきれいごとの理想論を言っているのではありません。

これは、角川ソフィア文庫版『論語と算盤』の監修者である中国古典の碩学《せきがく》・加地伸行氏も指摘しているように、単なる経済活動の意味づけに「論語」を使うというよりは、もっと広く深い意図があるようです。

つまり、人の道を無視した利益追求を戒めればいいというだけではありません。

「常にこの物の進みは、ぜひとも大なる慾望《よくぼう》をもって利殖を図ることに充分で

ないものは、決して進むものではない」

と言っているように、大いに儲けよう、豊かになろうという欲望をもって頭を巡らし、活動するくらいでないと物事は進展しないというのです。

机上の空理空論で格好をつけ、体裁ばかりにとらわれる国民は豊かにならないし、政治界・軍事界などが跋扈《ばつこ》するよりは、実業界がなるべく力を持つようにしたい。実業こそが物を増やして豊かにする務めを果たすものであり、それがなければ国の富は蓄積できないと言って、政治や軍事に対する実業の価値を主張しています。

ただここで重要なのは、

「正しい道理の富でなければ、その富は完全に永続することができぬ」

という主張です。さらりと述べられているだけですが、政治や軍事に勝る国づくりの役割は、一時的な利益追求では叶えられません。

道義を無視したなりふり構わない行動で大きな利益を上げたとしても、そうした利益追求は長続きしないというのです。

その営みが持続的に果たされてこそ、国づくりや国民の幸せに貢献できるものであり、そのためには実業の根源に「仁義道徳」がなくてはならないということです。

このことを平たく言い換えれば、求められるのは「清貧」ではなく「清富」と言っていいかもしれません。仁義道徳を守るためには貧しくてもいいというのではなく、本当の豊かさや幸福を得るためにこそ、仁義道徳が必要なのだという考え方です。

この「持続性」に関しては、高度にデジタル化された現代の世界でも、「はじめに」で触れたように、持続可能な開発目標＝ＳＤＧｓとして重要課題になっています。

前述の加地伸行氏も、前掲書の中で述べています。

「道徳なき商業における拝金主義と、空理空論の道徳論者の商業蔑視と、この両者に引き裂かれている実情に対して、渋沢は〈現実社会において生きることのできる道徳に基づいた商業〉をめざしたのである。それを可能とする接着剤、商業と道徳との接着剤として、渋沢が選んだのが儒教であった」

三島の言う「論語と算盤の密着」と加地氏の言う「接着剤」が、期せずして表現としても共通していることに驚かされます。

まさにこの「論語と算盤の密着」「接着剤」こそが、本当に国も国民も豊かに幸せになれる真の繁栄、あるべき実業の精神であると渋沢は言いたいのです。

この精神をもって、「論語」と「算盤」という、一見かけ離れたものを一致させることが、今こそ必要だと冒頭で述べています。

士魂商才

士魂も商才も人の世を処する原則は論語にあり、処世の名人・徳川家康の「遺訓」も論語に通じる

前項で紹介した「論語と算盤」の絵で示された、もう一つ重要な要素は「武士道」でした。渋沢はこの項の初めで、

「昔、菅原道真は和魂漢才《わこんかんさい》ということを言った。これは面白いことと思う。これに対して私は常に士魂商才《しこんしょうさい》ということを唱道するのである」

と言っています。まさに絵にあった「刀と算盤」に象徴される精神を端的に言っているようです。この絵で、論語や算盤の脇にあるシルクハットと手袋は西洋のものであり、実

業の世界、ビジネス社会においては「和魂洋才」が求められ、維新以来、明治の開化、富国強兵はもっぱら欧風化の波の中で行われてきました。

ただ「洋才」だけだと、そこに「和魂」があったとしても、「算盤」に向かいすぎる恐れがあります。その意味では菅原道真の「和魂漢才」の示す中国文化のほうが、「論語と算盤」の理念にかなうでしょう。この「和魂漢才」について渋沢は言います。

「支那（中国）は国も古し、文化もはやく開けて孔子、孟子《もうし》のごとき聖人、賢者を出しているくらいであるから、政治方面、文学方面その他において、日本より一日の長がある。それゆえ、漢土の文物学問をも修得して才芸を養わなければならぬという意味であって、その漢土の文物学問は、書物もたくさんあるけれども、孔子の言行を記した論語が中心となっておるのである」

しかし、この項には「士魂商才」と題名がつけられているように、ここからは武士的精神と実業との関連について述べています。その言わんとするところの骨子は、

「人間の世の中に立つには、武士的精神の必要であることは無論であるが、しかし、武士的精神のみに偏して商才というものがなければ、経済の上から自滅を招くようになる。ゆえに士魂にして商才がなければならぬ」

ということです。この士魂に関しては、従来、武士階級の基本的教養であった論語によって養成されるけれど、商才もまた論語によって十分養えるというのが渋沢の主張です。

そして士魂も商才も含めて、こう言っています。

「人の世に処するの道は、なかなか至難のものであるけれども、論語を熟読翫味《じゅくどくがんみ》して往けば大いに覚《さと》る所があるのである。ゆえに私は平生《へいぜい》、孔子の教えを尊信すると同時に、論語を処世の金科玉条として、常に座右から離したことはない」

そして、わが国でもっとも論語による「処世の道」に優れた英傑として徳川家康を挙げています。現代のビジネスパーソンの間でも、歴史上の人物の中で家康が圧倒的人気を誇っていますが、その秘密の一端もここにありそうです。
渋沢は、家康の考えはほとんどが論語に基づいていると言っているのです。

「処世の道が巧みなればこそ、多くの英雄豪傑を威服して十五代の覇業を開くを得たので、二百余年間、人々が安眠高枕《こうちん》することのできたのは実に偉《い》とすべきである」

「かの『神君遺訓《しんくんいくん》』なども、われわれ処世の道を実によく説かれている。しかしてその『神君遺訓』を私が論語と照らし合わせてみたのに、実に符節《ふせつ》（割り符）を合わするがごとくであって、やはり大部分は論語から出たものだということが分かった」

徳川家康の家訓と言われる「神君遺訓」とは、次のようなものです。
「人の一生は重荷を負って遠き道を行くがごとし。急ぐべからず。
不自由を常と思えば不足なし。心に望み起こらば、困窮したる時を思い出すべし。
堪忍は無事長久の基《もとい》、怒りは敵と思え。

勝つことばかりを知りて負くることを知らざれば、害その身に至る。己れを責めて人を責むるな。及ばざるは過ぎたるより勝れり」

家康は、生まれは小大名の悲しさで、子どものころから織田家や今川家の人質として隠忍の日々を過ごしました。この遺訓は、そうした内心の悔しさを隠して、一時は豊臣秀吉に降った時代もあった家康らしい教えです。

この遺訓は、もともと徳川光圀《みつくに》作として伝聞されていた「人のいましめ」という教訓文を、明治一一年（一八七八）に、元津山藩八代目藩主・松平斉民《なりたみ》（号は確堂）が、一部あらためて「東照宮御遺訓」として世に広めたものです。

渋沢はこの遺訓と、論語をはじめとする孔子の教えとの一致を指摘しているのです。渋沢の指摘通り、並べて対比してみましょう。

【遺訓】「人の一生は重荷を負って遠き道を行くがごとし」

【孔子】「士はもって弘毅《こうき》ならざるべからず。任《にん》重くして道遠し。仁もって己《おの》が任となす。また重からずや。死してしかしてのち已《や》む。また遠からずや」（『論語』泰伯《たいはく》篇）

【遺訓】「己れを責めて人を責むるな」
【孔子】「己れ立たんと欲して而《しか》して人を立て、己れ達せんと欲して人を達す」（『論語』雍《よう》也《や》篇）

【遺訓】「及ばざるは過ぎたるより勝れり」
【孔子】「過ぎたるは、なお及ばざるがごとし」（『論語』先進篇）

【遺訓】「堪忍は無事長久の基《もとい》、怒りは敵と思え」
【孔子】「己れに克《か》ちて礼に復《ふく》す」（『論語』顔淵《がんえん》篇）

【遺訓】「人はただ身のほどを知れ草の葉の　露も重きは落つるものかな」
【孔子】「分に安んずる」

「分に安んずる」の詳しい出典は不明で、次の二つ、
【遺訓】「不自由を常と思えば不足なし、心に望み起こらば、困窮したる時を思い出すべ

し」

【遺訓】「勝つことばかりを知りて負くることを知らざれば、害その身に至る」に関しても、**「この意味の言葉は論語の各章にしばしば繰り返して説いてある」**と言いながら、具体的な孔子の言葉は挙げられていません。しかし、それも論語やほかの孔子の言葉との関連は、渋沢自身の『論語講義』の中などに見られるかもしれません。

これほど渋沢がほれ込んだ論語ですが、当時の世の人の中には、「漢学の教うる所は禅譲討伐を是認しておるから、わが国体に合しない」と言って、孔子を認めない人もいたようです。「禅譲討伐」とは「禅譲放伐」、つまり円満な譲位と武力交代という二種類の政権交代があった時代の、禅譲に名を借りた武力討伐による政権交代のことです。

渋沢はこうした武力による「革命」は、決して孔子の意に沿うものではなく、もし孔子が万世一系のわが国を知ったら、どれほど称賛したかわからないと言います。

さらには、現今、つまり明治・大正と経てきた当時の人々にこう忠告します。

「世の進歩に従って、欧米各国から新しい学説が入って来るが、その新しいというは、われわれから見ればやはり古いもので、……欧米諸国の日進月歩の新しい者を研究するのも必要であるが、東洋古来の古い者の中にも捨てがたい者のあることを忘れてはならぬ」

この忠告など、今読んでも明治・大正・そして昭和初期という時代を感じさせないものがあります。むしろ令和の日本への警告にも思えるのです。

人物の観察法

行動を肉眼で視る。その動機を心眼で観る。そして心中の安らぎを察しなければ人間はわからない

渋沢栄一のいかにも実務家らしい処世訓の一つが、この『論語と算盤』の最初の章に収められた「人物の観察法」です。佐藤一斎の言葉を挙げてこう言っています。

「佐藤一斎先生は、人と初めて会った時に得た印象によってその人の如何《いか》なるかを判断するのが、最も間違いのない正確な人物観察法なりとせられ、先生の著述になった『言志録《げんしろく》』のうちには、『初見の時に相《そう》すれば人多く違《たが》わじ』という句さえある」

佐藤一斎といえば、西郷隆盛がもっとも愛読・私淑《ししゅく》した岐阜県岩村藩出身の儒学者です。渋沢にとっての孔子であり『論語』だったものが、西郷にとっては一斎であり『言志録』だったといっていいでしょう。西郷はこの『言志録』を自ら書き写した『手抄言志録』を、西南戦争でも持ち歩いていたくらいです。

もちろんこの引用からもわかるように、渋沢も一斎を愛読していたようですから、その意味でも「解説」で述べるような渋沢と西郷のつながりが想像されます。

一斎が教える人物観察法は「初見」、今でいう第一印象を大事にせよということです。

渋沢もこれを受け、**「たびたび会うようになってからする観察は考え過ぎて、かえって過誤に陥りやすいものである」**と言い、なんの先入観もない**「至極純な所のある」**初見の観察を重要視しています。

次いで、この見方は孟子の人物観察法にも通じるとして、こんな説を引用しています。

「人に存する者、眸子《ぼうし》（ひとみ）より良きはなし。眸子は、その悪を掩《おお》うことあたわず。胸中正しければ、すなわち眸子、瞭《あきら》かなり。胸中正からざれば、すなわち眸子眊《くら》し」

つまり、「人物を見るときに目ほどいいものはない。目はその人の悪を覆うことができない。胸中が正しければ目は澄んでいて、胸中が正しくなければ目が曇っている」ということで、渋沢はこの説について、**「この人物観察法もなかなか的確の方法で、人の眼をよく観ておきさえすれば、その人の善悪正邪《ぜんあくせいじゃ》はたいていい知れるものである」**と言っています。

こうした一斎や孟子の人物観察法は、いずれもいたって簡便ですが、さらに深く人を真に知ろうとするには、やはり論語が頼りです。渋沢は、このような観察法だけではいたらぬところがあるとして、論語の為政篇から次の章句を引いています。

「子いわく、その以《もち》いるところを視《み》、その由《よ》るところを観《み》、その安《やす》んずるところを察すれば、人いずくんぞ廋《かく》さんや」

ここに出てくる「視る」「観る」はいずれも「みる」と読みますが、その違いを渋沢は、**「視は単に外形を肉眼によって見るだけのことで、観は外形よりもさらに立ち**

入ってその奥に進み、肉眼のみならず、心眼を開いて見ることである」と解説しています。つまり、「視る」は肉眼、「観る」は心眼と、非常にわかりやすい説明です。

補足すれば「以いるところ」とは行動・行為のこと、「由るところ」とは行動の動機・理由、「安んずるところ」とは心の安心・満足ということでしょう。

つまり、論語の説く人物観察法とは、まずその人の外部に表れた行動を肉眼でよく視ること、次にその行動は何を動機にしているかを心眼で観ること、次にさらに一歩を進めて、その人の安心はどこにあるか、その人は何に満足して暮らしているかをよく察し取ることだと言います。

そうすれば、**「必ずその人の真人物が明瞭になるもので、如何にその人が隠そうとしても、隠し得られるものでない」**と言うのです。

この人物観察法を通じて、最終的に渋沢の言いたいことは次のことです。渋沢の人間観が如実に表れていると言っていいでしょう。

「如何に外部に顕われる行為が正しく見えても、その行為の動機になる精神が正しくなければ、その人は決して正しい人であるとは言えぬ。時には、悪をあ

えてすること無しとせずである。また外部に現れた行為も正しく、これが動機となる精神もまた正しいからとて、もしその安んずるところが飽食暖衣逸居《ほうしょくだんいいっきょ》するにありというようでは、時に誘惑に陥って意外の悪をなすようにもなるものである」

ここにいう「飽食暖衣逸居」とは、要するにぜいたくな生活ということでしょう。

したがって、「行為と動機と、満足する点との三拍子が揃って正しくなければ、その人は正しいとは言いかねる」といういささか厳しすぎる人間観とも思えますが、甘い性善説には立たない渋沢の実業人としての人間の見方が表れています。

論語は万人共通の実用的教訓

論語を難しくしているのは学者であり、じつは農工商に役立つ実用的で卑近な教えである

前項でいかにも実務家らしい渋沢の処世訓を紹介しましたが、この項もまさに見出しにうたうように論語の「実用的」側面を語っています。

渋沢は明治二年（一八六九）に大蔵官僚になって、のち井上馨のもとに仕えていましたが、井上が内閣との対立で辞めたとき一緒に辞めて、野に下っています。明治六年（一八七三）五月のことです。

井上はまさに時の内閣に喧嘩を売った形でしたが、渋沢とともに官界を歩んできた友人は大変それを残念がり、渋沢を強く慰留しました。しかし、渋沢はこう言っています。

「もちろん私も井上さんと同じく、内閣と意見は違っていたけれども、私の辞したは喧嘩ではない。主旨が違う。私の辞職の原因は、当時のわが国は政治でも教育でも着々改善すべき必要がある。しかしわが日本は、商売が最も振るわぬ。これが振るわねば、日本の国富を増進することができぬ。これは如何にもして他の方面と同時に、商売を新興せねばならぬと考えた」

そして、従来は商売に学問は不要といわれてきたが、決してそんなことはないと言います。たしかに**「貸家《かしや》札唐様《ふだからよう》で書く三代目」**といわれたように、文字ばかりは「唐様」つまり立派な漢字で書ける三代目なのに、二代にわたって築いた家財を貸しに出さねばならなくなるようでは困ります。所詮、学問はそんなものという時代でした。

そこで渋沢は、**「不肖ながら学問をもって利殖を図らねばならぬという決心で、商売人に変わった」**と言います。しかし友人はそれを理解せず、「君も遠からず長官や大臣になれるのだから、お互いに官にあって国家のために尽くすべきだ。賤しむべき金銭に目がくらんで商人になるとはあきれた」と忠告してくれたそうです。

渋沢はこれに対して、論語を引き合いに出して論駁《ろんばく》しました。

「趙普《ちょうふ》が論語の半ばで宰相を助け、半ばでわが身を修めると言ったことなどを引き、私は論語で一生を貫いてみせる。金銭を取り扱うが何ゆえ賎しいか。君のように金銭を卑しむようでは国家は立たぬ。官が高いとか、人爵《じんしゃく》（与えられた爵位・官位）が高いとかいうことは、そう尊いものでない。人間の勤《いそし》むべき尊い仕事は到る処にある。官だけが尊いのではない」

趙普とは中国の九〇〇年代、北宋初期の政治家です。初代の太祖に仕えたとき、下級官吏上がりで学問がなかったのですが、勉強して太祖とその後継者・太宗の建国を助けました。その経緯を晩年、太宗に語ったところによると、「半部の論語」といって「自分は論語の半分で太祖に仕え、後の半分で太宗に仕えた」とあります。

渋沢の言葉では、後の半分は「わが身を修める」となっていて少し違いますが、助けたという「宰相」が太宗のことなら、二人の上司に論語の半分を捧げ、後の半分を己の修養に使ったと解することもできるでしょう。

そして、「官が高いとか、人爵が高いとかいうことは、そう尊いものでない。人間の勤むべき尊い仕事は到る処にある」と言って、友人の批判に反論しています。とくに当時のエリートは「人爵が高い」、つまり「授爵」といって「公・侯・伯・子・男」の爵位を得ることに熱心になっていました。

そんな風潮を渋沢は批判しているのです。後年、「国を肥やすのは公爵でも男爵でもない。肥柄杓《こえびしやく》だ」と言った人がいましたが、まさにそれに通じる主張でしょう。「肥柄杓」すなわち農業であり、それに列する生産業・実業を指しています。発言の主は、昭和初期の小作争議の指導者・冨吉榮二で、鹿児島県出身の日本社会党代議士です。

そうした権力中枢にある「官」を捨てて「民」に下ったという点では、商法会議所の西の横綱・五代友厚《ごだいともあつ》は明治二年に野に下っていますから、渋沢より四年も前です。

しかし、五代の場合はれっきとした武士階級を捨てての転身であり、まだ武家の商法、士魂商才の尻尾を持ったままだったのに対して、渋沢の場合、出自は商人であり、『論語と算盤』で明かしているこの実業への転身も、より現実的なものです。

それだけ論語の持つ農工商への実用的効用も大きいのに、それを阻んできたのはむしろ学者先生たちではないかと、渋沢は次のように訴えているのです。

「論語は決してむずかしい学理ではない。むずかしいものを読む学者でなければ解らぬというようなものでない。論語の教えは広く世間に効能があるので、元来解りやすいものであるのを、学者がむずかしくしてしまい、農工商などの与《あず》かり知るべきものでないというようにしてしまった。商人や農人は論語を手にすべきものでないというようにしてしまった。これは大なる間違いである」

そしてむしろ孔子は決して難しい人ではなく、案外さばけた人で、商人でも農夫でも誰にでも優しく教えてくれる、そんな教えだから実用的で卑近な教えなのだと、この項を締めくくっています。

争いの可否

争いを避け、優しいだけの上司は、ひ弱な部下しか育てられない

渋沢が安易な性善説に立つ人ではないことは、前の「人物の観察法」の項でもうかがい知ることができましたが、この項のテーマ「争いの可否」となると、さらにその渋沢の人間観が明白になるようです。

世の中には人と争うことを徹底的に避けて、**「人もし爾《なんじ》の右の頬を打たば、左の頬をも向けよ」**などと主張する人がいます。それに対して渋沢はきっぱりとこう言います。

「私一己《いっこ》の意見としては、争いは決して絶対に排斥すべきものでなく、処世の上にも甚だ必要のものであろうかと信ずるのである」

その根拠として、孟子の**「敵国外患《てきこくがいかん》なき者は、国つねに亡ぶ」**という言葉を挙げています。じつはこの点に関して、『論語と算盤』ではこの記述にとどまっていますが、渋沢の『論語講義』には、次のようにここにいたる前段の言葉が引かれています。

「子曰く、君子は争う所なし。必ずや射《しゃ》か。揖譲《ゆうじょう》してしかして升《のぼ》り下り、而して飲ましむ。その争いや君子」

『論語講義』での解説から、文意をかいつまむと次のようになります。

「孔子は言う。君子は本来争わないものだ。しいて言うなら弓を射て競うようなときには争う。そのときもお互いに手を胸に当てて譲り合い、射場に上り下りを行って、負けた人には罰として酒を飲ませる。そういう争いは君子のものだ」

つまり君子はみだりに争うことはしないが、いざ争うときには正々堂々、ルールに従って戦うということでしょう。生きるか死ぬかの生存競争では、君子も小人もこれは避けがたい、君子はそのとき正道を外さないが、小人はときに範疇を超えてしまう、国と国との間では戦争が避けられないこともあるが、「独帝が他国侵略のために兵を起したるがごときは君子の争いにあらざるなり」と、当時の時局を背景に断言しています。

そうした前提を知った上で、『論語と算盤』の先を読んでみます。

「国家が健全なる発達を遂げて参ろうとするには、商工業においても、学術技芸においても、外交においても、常に外国と争って必ずこれに勝ってみせるという、意気込みが無ければならぬものである、啻《ただ》に国家のみならず、一個人におきましても、常に四囲に敵があってこれに苦しめられ、その敵と争って必ず勝ってみましょうとの気が無くては、決して発達進歩するものでない」

「敵国外患なき者は、国つねに亡ぶ」という厳しい考え方を、個人間の関係にまで及ぼそうとしているかのようです。とくに後輩を指導する先輩の姿勢として、

「何事も後進に対して優しく親切に当たる人で、決して後進を責めるとか、苛《いじ》めるとかいうようなことをせず、……こういう風な先輩は、後進より非常の信頼を受け、慈母《じぼ》のごとくに懐《なつ》かれ慕わるるものであるが、かかる先輩が果たして後進のために真の利益になるかどうかは、いささか疑問である」

渋沢自身、世間ではあまりに円満すぎる、争いを避けているという批評を受けることがあるけれども、決してそうではないと述べています。人間は丸いばかりでなく角も必要であるということでしょうが、以前書いた『龍馬は和歌《うた》で日本を変えた』（海竜社）という本でも紹介した坂本龍馬の和歌を思い出します。

「まろくとも一角《ひとかど》あれや人心　あまりまろきはころびやすきぞ」

（人の性格は丸いにこしたことはないが、一個所ぐらいどこかに角があったほうがいい。そのわけは、まんまるだと転びやすいからだ）

類まれな人間関係術で「人たらし」とまでいわれた龍馬が、その円満な包容力の一方で、つねに自分のその性格が災いとなる危険を警戒していたことがうかがえます。

そうした一種クールな面を持ち、つねにどこかで冷めている知性があってこそ、大事を成し遂げていけるということではないでしょうか。

渋沢も、龍馬が言う「一角」を持っていたからこそ、厳しい実業界、複雑な官民界の中で、甘い丸さだけで「転ぶ」ことを避けながら志を遂げられたのでしょう。

最近の職場では「ブラック企業」などといって、劣悪な職場環境や厳しすぎる社員教育が批判の的になることがあります。一方ではそうした批判を受けたくなくて、部下の顔色ばかりうかがっている上司も増えていると聞きます。

しかし、そのためにちょっとした困難にもくじけてしまうようなひ弱な社員しか育たなかったり、本来身につけなければならない社員としてのスキルが身につかなかったりするのでは、その優しさは本当の優しさとは言えないでしょう。

渋沢は、争いを避けるそうした優しさが、**「後進のために真の利益になるかどうかは、いささか疑問」**と釘を刺しているのです。

得意時代と失意時代

得意のときは大事を小事と見て転落しやすく、失意のときは小事を大事と見て立ち直りやすい

物質的に豊かになって精神が衰え始めた状況を嘆いた渋沢は、そうなりがちな人間の本性を、この項で次のように表現しています。

「およそ人の禍《わざわい》は多くは得意時代に萌《きざ》すもので、得意の時は誰しも調子に乗るという傾向があるから、禍害はこの欠陥に喰い入るのである」

こうした落とし穴に落ちないための唯一の方法は、成功したからといって気を許さないことでしょう。そして、渋沢はさらに成功したときに陥りがちな人間本来の欠陥は、小事

を疎《おろそ》かにすることだと言っています。

すなわち、失意のときは、小事にも心を配るものだが、うまくいっていると、「これしきのこと」と軽く考えて、いい加減に扱ってしまうものだと言うのです。これがまさに徳川家康の人生訓だったのでしょう。

「事の大小といったとて、表面から観察してただちに決する訳にはゆかぬ。小事かえって大事となり、大事案外小事となる場合もあるから、大小にかかわらず、その性質をよく考慮して、しかる後に、相当の処置に出るように心掛くるのがよいのである」

薩摩《さつま》に伝わる『日新公《じっしんこう》いろは歌』にも、「無勢とて敵をあなどることなかれ　多勢を見ても恐るべからず」という、似たような教えを示している歌があります。

これはすなわち、「少数の敵だからといってあなどってはならない。多勢だからといってこれを恐れてはならない」という意味であり、島津家第一七代当主、島津義弘の敵前突破の逸話に通じるものがあります。

関ケ原の戦い勃発当時、前大守・島津義久の弟だった義弘は、島津家のさまざまな事情で西軍につきましたが、大坂方が敗走し始めると東軍に囲まれて孤立無援の状況に陥ります。

このとき、島津軍は義弘を守るため、留まって戦い敵を足止めするという作戦を繰り返しました。その結果、多くの戦死者を出しながらも、義弘は奇跡的に帰国に成功します。まさに『いろは歌』の教えを実行したといえるでしょう。

もっとも、これは戦国時代であればこその当然の行動といえるのかもしれません。渋沢の言を借りるならば、それは、次の言い方に変えることができそうです。命をかけて義弘を守った島津軍に通じるものがあるといえないでしょうか。

「事柄に対し如何にせば道理に契《かな》うかをまず考え、しかしてその道理に契ったやり方をすれば国家社会の利益となるかを考え、さらにかくすれば自己の為にもなるかと考える。そう考えてみた時、もしそれが自己のためにはならぬが、道理にも契い、国家社会をも利益するということなら、余は断然自己を捨てて、道理のある所に従うつもりである」

ちなみに、『日新公いろは歌』は、前出の島津義弘の祖父、島津忠良がつくったもので、号を日新斎《じっしんさい》と称したことから、この名で呼ばれています。薩摩藩士は、いろは歌を学んで、自分の生き方の規範にしてきたのです。

第2章
論語と算盤
「立志と学問」を読む

現在に働け

物質的文明の発達は、人格を退歩させる恐れあり。つねに精神的向上を図り、現世で正しくあることが大事

農業を営み、商売人でもあった父親を身近に見て育った渋沢は、のちに徳川慶喜に仕えています。

ですから、民を治める立場の武士と、当時一種の道具に過ぎないとされていた農工商に携わる人々の意識の違いをよく知っていました。その上でパリ万博に参加し、欧米の文化を知るに及んで、日本に必要なのは物質的、科学的教育であることを痛感したのでしょう。

「私などは海外に交通するには、どうしても科学的智識が必要であるということ

とを、声を嗄《か》らして叫んだが、幸いにも追々その機運が起こって、……間もなく、才学倶《とも》に備わった人が輩出するに至ったのである」

と、才能も学問もある人間が育っていることを喜んでいます。しかし、その後、それが大きな弊害をもたらしたとして嘆いているのです。

「すなわち、精神教育が全く衰えて来ると思うのである」

「国の富も非常に増したけれども、奚《いず》くんぞ（どうしてか）知らん、人格は維新前よりは退歩したと思う。……物質的文明が進んだ結果は、精神の進歩を害したと思うのである」

私はこの箇所を読んで、ふと三島由紀夫のことを思い出しました。三島は、昭和四五年（一九七〇）、戦争で衰退してしまった日本が、戦後復興を遂げるにつれて、日本人の精神的な堕落が始まったとして、割腹自殺をしました。

三島は、彼を信奉する四人の学生とともに、東京・市ヶ谷の陸上自衛隊駐屯地へ赴き、総監を人質に立てこもりました。彼は自衛隊員の前で演説をしたいと望み、それを成し遂げると学生一人に介錯をさせ、その場で割腹自殺をしたのです。

もちろん、憂国の士気取りと彼をそしる声も多数あり、三島の取った手段は認められるものではありません。

しかし、当時学生だった私などにとって、三島はある意味で憧れの作家でしたから、衝撃を受けると同時に、彼の心情を理解しようと努めたものです。

思えば、渋沢が『論語と算盤』を出したのは大正五年（一九一六）です。そして、彼が提唱するように科学的知識を必要とする機運が起こって、**「明治十七、八年にはこうした傾向が盛んになって……」「今日まで僅か三、四十年……」**と言っています。

つまり、この時期は政治・社会・文化などにおいての自由主義的な運動が起こったときで、これを大正デモクラシーといいます。それと同時に「モボ（モダンボーイ）」とか「モガ（モダンガール）」と呼ばれる若者が闊歩し、「成金」が誕生した時代でもありました。

それを三島の割腹事件と重ねてみると、「戦後から今日までわずか二五年」ということになり、ほぼ重なって見えるのは偶然でしょうか。まさに「時代は繰り返す」のです。

しかも、それからさらに五〇年、格差社会はますます広がり、物質主義社会が是正される気配はないように思えます。経済大国でありながら、日本人の感じる幸福度は決して高くありません。

日本人は再び、渋沢の言葉に耳を傾ける必要がありそうです。

「私は極楽も地獄も心に掛けない。ただ現在において正しいことを行なったならば、人として立派なものであると信じているのである」

この項で私が大きな感銘を受けたのは、次の箇所です。

「私は常に精神の向上を富とともに、進めることが必要であると信じておる。人はこの点から考えて強い信仰を持たねばならぬ。私は農家に生まれたから教育も低かったが、幸いにも漢学を修めることができたので、これより一種の信仰を得たのである」

渋沢の言う信仰とは、一神教的な神の存在を信じるという類の信仰ではなかったと思われます。いわば、自分以外の大きな何かを信じるという意味での信仰心でしょう。

たしかに、特定の宗教に帰依していない多くの日本人は、外国人に「あなたの宗教は?」と聞かれて口ごもってしまいます。しかし、それは決して無宗教ということではありません。

そのあたりのことは、あうんの呼吸で通じる日本人同士ではわかるのですが、一神教信者からは奇異の目で見られ、なかなか理解してもらえません。

そんな日本人の一種の「宗教心」を説明しようとしたのが、『武士道』を書いた新渡戸稲造でした。

新渡戸は、ベルギーの法学者、エミール・ド・ラヴレーとの宗教談義で大きな衝撃を受けました。日本では宗教教育が行われないと聞いたラヴレーがひどく驚いたからです。ラヴレーが驚くのも当然、欧米では宗教教育によって道徳や社会規範を身につけさせているのです。

ラヴレーが驚いたことに逆に衝撃を受けた新渡戸は、宗教教育がなくても道徳や社会規範を身につけている日本人の秘密は「武士道」にあると考えました。新渡戸が『武士道』

を著したのは、日本には宗教の代わりに武士道があると思ったからに違いありません。

栄一の四男にあたる渋沢秀雄氏の著書『澁澤榮一』（時事通信社）によれば、渋沢は五歳のときから父の市郎右衛門に『三字経』（中国の宋代につくられた学習書）を習い、七歳からは年長の従兄・尾高新五郎に『四書五経』を習っています。

渋沢の言う「一種の信仰」とは、こうした教育から培ったものであり、そういう意味では、教えられたのは宗教というよりは道徳でした。

道徳は当時のエリートにとって非常に大切なもので、たとえば熊本藩士の儒学者・横井小楠は、成績のいい者から藩の要職に就けると言われたことに対して「道徳に反する」と反発し、藩校を出て福井藩に仕えています。

いずれにしても、信仰を持つことは、いつの時代であっても大事です。人間にとって大事なことはもちろん健康であり、また、渋沢も言うように学問も大事でしょう。

しかし、それだけでは十分とは言えません。やはり、何かを信じることを忘れてはならないのです。そうすることで、他の宗教を敬うことにもつながっていくのではないでしょうか。

大正維新の覚悟

時代が変わろうとも維新の精神を持つこと。そうでないと国家の前途は危うい

古代中国・殷《いん》の国の初代湯王《とうおう》は、沐浴に使用するたらい（盤）に左の言葉を刻んで座右の銘としたそうです。そうした由来から、この銘を「湯《とう》の盤銘《ばんめい》」といいます。渋沢は、この銘から維新という言葉を説明しています。

「苟《まこと》に日に新たなり、日に日に新たにして、また日に新たなり」

渋沢は、毎日毎日を新たな気持ちで迎えることによって、潑剌《はつらつ》とした新しい気力が自ずから生まれ、新たな活動ができると説きました。

「大正維新というも畢竟《ひっきょう》（つまるところ）この意味で、大いに覚悟を定めて、上下《しょうか》一致の活動を現したいものであるが、一般が保守退嬰《ほしゅたいえい》の風《ふう》に傾いておる……明治維新の人物の活動に比較して……」

こういうふうに、渋沢は明治維新の気概を認め、青年時代の血気を促し、老人に危険を感じさせるくらい活動してもらいたいと希望しています。しかしその一方で、**「明治維新以来の事業中には、失敗に帰したものも有ったが……」**と明治維新のすべてを肯定しているわけではありません。

渋沢は明治維新における失敗について多くを語ってはいませんが、岩崎弥太郎との対立姿勢などから、そのことがうかがえるような気がします。そのあたりのことを次にお話ししておきたいと思います。

幕末維新の経済史をたどってみると、日本経済を最初に襲ったのは外圧でしょう。外国との経済関係を極度に狭めてきたために、外国からもたらされた自由貿易と市場原理主義を追求する経済体制を知らなかったからです。

もちろん、封建体制下の日本では、それぞれの地方が一国であるために、それぞれに経済活動をしていて、小規模の貿易体制はとられていました。私の故郷・鹿児島でいえば、薩摩焼などは、自分たちで使うためではなく、他国へ売るためにつくられていたという経緯があります。

しかし、同国人同士のことですから、それはきわめて小規模のもの、外国から持ち込まれた経済体制に対抗できるようなものではありませんでした。

ですから、その外圧に抗するために、日本はまず殖産興業を目指しました。殖産興業とは、市場原理主義を排し、資本主義的生産方法を国が保護育成するものです。多くの東南アジア諸国が、外圧に蹂躙される中、日本は殖産興業を目指すことで独立を保つことができたといえるでしょう。

そして、殖産興業に成功してのち、それは民間に払い下げられ、「財閥」が誕生しました。財閥とは、特定の一族が資本を独占し、経営を支配する状態を指します。当時、三井・三菱・住友・安田を四大財閥と呼んでいました。勢力を持った財閥は、経済だけではなく社会にも大きな影響を与えるようになりました。

しかし、財閥の位置づけは、渋沢と他の財閥、たとえば岩崎家の三菱とではまったく違っていました。渋沢の財閥に対する姿勢は、「いかに自分が苦労して築いた富とはいえ、それを自分一人のものだと思うのは大きな間違いだ」という言葉に象徴されているでしょう。

つまり、自分の才覚だけで事業を進めるのではなく、資本と人材を集めて、優秀な人材には仕事を任せるという企業の公共性と社会的責任を重視していたのです。

たしかに先の戦後、GHQが財閥解体を実施するとき、一五の大財閥が指定され、渋沢が設立した「渋沢同族株式会社」も財閥に位置づけられています。

おそらく、明治二四年（一八九一）、渋沢が同族会を組織したことが財閥と見なされたのでしょう。

しかし、渋沢は、同族の財産の管理運用にあたるための家法をつくっています。そこには、決して系列会社を通じて利益を獲得する目的ではないことが明記されています。次に紹介するのは彼自身の言葉です。

「今般渋沢同族株式会社を組織すると云ふことは、同族中の合本《がっぽん》に依つて特に自己の営利でもするかの如く世間の人々から観察を受けるのを恐れるけれども、事実は全くさうではないので、家族が沢山ある為めに、其家族の生活を成べく公平に且安全にする為めには、僅少ながら私の一家の財産を共同に保持して、成べく丈け相協和して生計を営むやうにしたいと云ふのが趣旨であつた」（『竜門雑誌』第325号、『国史大辞典』吉川弘文館）

それに対して岩崎弥太郎は、自ら設立した郵便汽船三菱会社の社規に、

「当社は他の資金を募集して結社したものではない。会社に関するすべてのことは、社長の判断で決める」

という意味の記述があるように、儲けはすべて岩崎家のものとしていたようです。

もちろん、西欧に負けない強い国になるという志はどちらも同じだったはずです。そういう意味で、姿勢の違いはあれ、どちらも日本を独立国として維持していくために貢献したといえるでしょう。

秀吉の長所と短所

「機略」があっても天下を治めることはできない。家系を永続させるには長期的な展望「経略」が必要

論語の教えでは、まず重視しなければならないこととして「礼」を挙げています。渋沢もまた、明治維新の元老の礼にならわないところを「困ったところ」と断じています。

「乱世の豪傑が礼に媚《なら》わず、とかく家道の斉《ととの》わぬ例は、単に明治維新の際における今日のいわゆる元老ばかりではない。……かの稀世《きせい》の英雄豊太閤《えいゆうほうたいこう》などが、やはり礼にならわず、家道の斉わなかった随一人《ずいいちにん》（第一人者）である」

渋沢の言う「家道」とは、儒教の学問体系である朱子学の基本的な考え方で、「修身斉家《しゅうしんせいか》

「治国平天下」という言葉があります。これはすなわち、自分の身を修めること「修身」＝家をととのえること「斉家」であるという考え方をいいます。

それがひいては、国を治め、天下を治めることになるというわけです。

日本における前近代の社会では、家が社会の最小の公的単位でした。その家を守るために必要なのは、家業であり家名です。そして、その家業と家名を継続するためには、ある程度の財産（家産）が必要です。

その家業と家名と家産をマネージするのは家督です。ですから、家督は非常に重い役割を担っていました。

しかも、一代で終わらせるのではなく、永続させなければなりません。そのために必要なものは家訓とか家憲とか呼ばれるものです。豊臣家にはそれが用意されていませんでした。

つまり、存続されてきた家には、必ずと言っていいくらい家訓や家憲があるのです。

次に紹介するのは三井家の家訓です。これは、初代三井高利が遺書として記したものです。

「単木は折れやすく、材木は折れ難し。お前たちは互いに協力して家運の強固を図れ。各家の営業より生じる総収入は、一定の積立金を引去りたる後、始めてこれを各家に分配すべし」

そして、薩摩には第1章でご紹介した『日新公いろは歌』があり、西郷隆盛の『南洲翁遺訓』があります。この遺訓の特徴は、戊辰戦争で敵だった山形県庄内の人がつくったということでしょう。豊臣氏には、こうした家を守るための道徳というものがなかったのではないでしょうか。

渋沢は、もう一つ豊臣秀吉の短所を挙げています。

「豊太閤にもし最も大きな短所があったとすれば、それは家道の斉《ととの》わなかったことと、機略があっても、経略が無かったこととである」

一代で滅びた豊臣家と二五〇年続いた徳川家の違いは、渋沢の言う通り、機略しかなかった秀吉と経略があった家康の差だろうと私も思います。

それでは、機略と経略の違いはどこにあるのでしょうか。

私が思うに、機略とは、その場その場の機転のようなものです。それに対して経略とは、先のことを見すえて戦略を練ることで、グランドデザインのようなものをいうのだと思います。ビジョンといってもよいでしょう。

たとえば、秀吉は大名たちを常に戦争に駆り立てることによって、自らの権力を固めていきました。戦争体制で政権を安定させようとしたのです。

そして、天下を統一してのち「関白」になりました。関白は天皇を補佐する官職で、公家の最高位です。武士で関白になったのは秀吉が最初なので、秀吉は得意の絶頂だったことでしょう。その後、後継者だった秀次が関白になると、秀吉は太閤の称号も手に入れています。

しかし、関白も太閤も単なる称号ですから、秀吉とその家来とは、上司と部下の関係ということになります。すなわち、秀吉には、部下のプライベートまで拘束する権利はありません。

しかも、国内が安定して戦争体制が取れなくなると、権力を誇示する場を失い、朝鮮侵略を目論みました。その結果失敗して権力は不安定になりました。

一方、家康が敷いたのは封建制度でした。封建制度とは征夷大将軍になった徳川家の家来になることであり、完璧な「御恩（家禄）」と「奉公」という主従関係が生まれます。これはいわば、全人格が支配されるということです。

つまり、家康は、一〇〇年先、二〇〇年先を見越して、徳川家が相続され続けることを目指して策略を練ったのです。これを経略といいます。

家康は経略として「天下泰平」のスローガンを掲げました。この経略があったために、徳川幕府は平和体制の国家をつくることができました。各家業に専念し、家訓を大事にして、新田開発などに励み、わが国の幕藩体制は安定的に発展していったのです。

それに比べて、秀吉は、戦争体制で権力を維持し、今だけ通用する権威を手に入れようとしました。渋沢流にいえば、これは機略でしかなかったということになるのでしょう。

とはいえ、農民出身の秀吉が豊太閤と呼ばれるまでになったこと自体は、前代未聞の快挙には違いありません。渋沢は、そんな秀吉の長所として次のように述べています。

「もしそれ豊太閤の長所はといえば、申すまでもなく、その勉強、その勇気、その機智、その気概である」

渋沢は、秀吉が信長に見出されて異例の出世を成し遂げたのも、よほどの勉強があったからであるとしています。

また、本能寺の変の報を聞いて、すぐさまとって返し、誰よりも早く駆けつけて明智光秀追討に成功したのも、賤ヶ岳でライバル柴田勝家を滅ぼし短期間で天下を統一したのも、それより先に二日間で城壁を修築したのも、よほどの勉強がなければできないことだったと言います。

「秀吉がかく天下を一統するまでに要した時間は、本能寺の変あって以来、僅かに満三年である。秀吉には、もとより天稟《てんぴん》の勝れた他に異なるところもあったに相違ないが、秀吉の勉強が全くこれをしからしめたものである」

そして渋沢は、秀吉の勉強に敬服し、若者たちにもそれを見習ってほしいと希望しています。たしかに、秀吉が機略のみで世の中を渡っていたならば、天下統一を成し遂げることはできなかったでしょう。

そういう意味でいえば、秀吉の勉強に経略がプラスされていたら、豊臣家があのような末路をたどることはなかったのかもしれません。

さらに渋沢は『論語講義』で、秀吉の人物観察法について次のように言っています。第1章で述べた人物の観察法を参照してください。

「人の眸子《ぼうし》を観てその人の善悪正邪を知るは孟子の観察法なり。初見の時に相《そう》すれば人多く違わじというは佐藤一斎翁の観察法なり。これはいずれも簡易な手っ取り早い方法で、これにても大抵は外れぬものである。豊臣秀吉は重瞳《じゅうとう》にて眼光炯々《けいけい》人を射る。朝鮮の使節これを見てその非凡人たるを知れりという」

秀吉には、初対面の人間をただちに見抜く炯々たる眼力があったらしいというのです。

しかし、渋沢はこの手っ取り早い観察法では足りないとして、さらに第1章でも述べている三段階に及ぶ人物観察法を挙げています。

ここに秀吉のことを引き合いには出していませんが、秀吉にもし、より深い人物観察ができていたら、もう少し大きな人物になれていたのではないかという疑問があったのかもしれません。

一生涯に歩むべき道

自分の短所に向かって突進するのは、いかに大きな野望であっても無謀である

渋沢秀雄著『澁澤榮一』には、渋沢の若いときの様子が詳細に記されています。それによると、黒船が来航して日本中が大騒ぎになったとき、渋沢も当時の若者の例にもれず、心のざわめきを抑えきれない状態に陥っています。

彼の学問の師で従兄でもある尾高惇忠《じゅんちゅう》に感化されて、尊王攘夷《じょうい》の思想に傾倒してしまったのです。誇大妄想としか思えないような無謀な計画を立てて行動を起こそうともしています。

その後、水戸学の本拠である水戸藩との縁から一橋慶喜に仕え、慶喜が一五代将軍になったために、尊王攘夷の志士だったはずが幕臣になるという紆余曲折の人生を歩むことに

なりました。

事業家の目が開かれたのは、「解説」で詳しく述べるように、慶喜の弟・昭武に従ってパリ万博に参加したときでしたが、**「最後に実業界に身を立てようと志したのが漸く明治四、五年の頃のことで」**、明治六年（一八七三）、渋沢は第一国立銀行の創立に参加、頭取の上の総監役に就任しています。このとき渋沢は三三歳になっていました。

このあたりのことを渋沢は、後悔の念とともに次のように語っています。


「『余は十七歳の時、武士になりたいとの志を立てた』、……しかしてその目的も、武士になってみたいというくらいの単純なものではなかった。

……今日の言葉を借りていえば、政治家として国政に参与してみたいという大望を抱いたのであったが、そもそもこれが郷里を離れて四方を流浪するという間違いを仕出来《しでか》した原因であった。……今このことを追憶するだに、なお痛恨に堪えぬ次第である」


渋沢はこう述懐してのち、政界に身を投じようとしたことを、**「短所に向かって突進**

するようなものだ」と言って、若いときの十数年を悔やんでいます。

もしもっと若いときに自分の長所を知ってそこに向かっていっていれば、現在の自分以上の人間になっていたかもしれないということでしょう。

年齢が行ってから、こうした後悔の念が生じる人は多いと思います。そして、若者に向かって、「自分のようなことにならないように……」と説教しますが、当の若者は、年寄りの繰り言とばかり思うだけで耳を傾けようとしません。

いずれにしても、私は渋沢がこのような悔いを抱えていたことに感慨深いものを感じました。なぜならば、渋沢はもっとも成功した実業家という評価を得ているからです。生涯に五〇〇近い企業を立ち上げ、約六〇〇の社会公共事業に携わった渋沢でも、悔いることがあるのです。

とはいえ、現代に生きる私などから見れば、三〇代で自分の道を見つけることを遅すぎるとは思いません。そして、それまでの過去に対しては、肥やしになったとむしろ前向きに捉えたいと思います。

多くの人々が若くして志を立て行動し、そして死んでいきました。そうした人々を目の当たりにした渋沢だからこそ、このような後悔の念が生まれたのではないでしょうか。

第3章

論語と算盤

「常識と習慣」を読む

常識とは「知識」より「智、情、意」が備わっていること

「こちらの常識、あちらの非常識」という言葉があるように、人により国により、あるいは所属する社会によって「常識」の解釈は違っているようです。だからこそ、お互いに「こちらこそ常識をわきまえた正義である」と主張して争いが絶えないのでしょう。

しかし、たとえそれぞれに違う「常識」があったとしても、常識というものの共通点、基本要素はあるはずです。そもそも「常識とはなんぞや」と渋沢も、まずはその点を問うています。それこそ常識的には、入社試験の「一般常識問題」などに見られるように、常識とは「知識」のことと思われがちですが、渋沢はそうではなく、常識とは人の心を形づくる三つの要素、「智」「情」「意」がバランスよく発達している状態だと言います。

「すなわち、事に当たりて奇矯《ききよう》に馳《は》せず、頑固に陥らず、是非善悪を見別け、利害得失を識別し、言語挙動すべて中庸に適うものがそれである。これを学理的に解釈すれば、『智、情、意』の三者が各々権衡《けんこう》（つりあい）を保ち、平等に発達したものが完全の常識だろうと考える」

それでは、人の心の中に、この三要素のうちのどれかが欠けていたらどうなるのか。渋沢の言によると、昔、「智」には弊害があるからいらないという考え方があったそうです。智があると、悪知恵が働いて、策術を弄したり、功利を追い求めたりするようになるというのです。しかし、

「もし智の働きに強い検束《けんそく》を加えたら、その結果はどうであろう。悪事を働かぬことにはなりもしようが、人心が次第に消極的に傾き、真に善事のためにも活動する者が少なくなってしまわねば宜《よ》いがと、甚だ心配に堪えぬ訳である」

それでは、「情」はどうでしょうか。今述べた「智」が悪用されないために、「情」はあると渋沢は言います。もし「智」があっても「情」がなかったとすれば、

「かかる人物にして、もし情愛が無かったら堪《たま》ったものでない。その見透かした終局までの事理を害用し、自己本位をもってどこまでもやり通す。この場合、他人の迷惑や難儀なぞが如何に来ようとも、何とも思わぬほど極端になってしまう」

ただし、「情」には、感情の動きが激しくなるという欠点があります。そうした感情の激しい動きを抑えるためにあるのが「意」です。

「動きやすい情を控制《こうせい》（抑制）するものは、鞏固《きようこ》なる意志より外はない。……鞏固なる意志があれば、人生においては最も強味ある者となる」

しかし、「智」や「情」がなくて「意」ばかりだったら、「ただ頑固者とか強情者とかと

いう人物になり」、自信過剰で自己主張ばかりする人間になるとも言っています。

「意志の鞏固なるが上に聡明なる智恵を加味し、これを調節するに情愛をもってし、この三者を適度に調合したものを大きく発達せしめて行ったのが、初めて完全なる常識となるのである」

このように見てくると、一般社会における人物評価の最低条件のように思われている「常識のある人かそうでないか」は、むしろ最低条件というよりもっと重要な、社会的存在としての人間、ひいては渋沢の求めた実業界でのひとかどの人材、いい仕事、大きな仕事のできる人材の条件にも通じると気づかされます。

口は禍福の門なり

いい情報・いい解決を得るには、失敗を恐れず本音で話すこと

日本人、とくに男性の間では、「口は禍《わざわい》の門」「口舌《こうぜつ》の徒《と》」「巧言令色《れいしょく》鮮《すくな》し仁」などといい、また「男は黙って勝負する」などというＣＭが流行ったりして、口の達者な者を軽んずる風潮があるようです。渋沢はこれに異を唱えます。

渋沢は、講演を依頼されれば断ることはめったになく、どこへでも行って話をする人だったようです。ときには言いすぎて批判されることもあったと言っています。しかし、何を言われてもこの姿勢を崩すことはありませんでした。

その理由を、「口は禍の門」だけではなく、「福の門」でもある、つまり「禍福の門」であるからだと次のように述べています。

「ただ禍の門であるということを恐《おそ》れて一切口を閉じたら、その結果はどうであろう。……折角のことも有邪無邪《うやむやちゅう》中に葬られねばならぬことになる。それでは禍の方は防げるとしても、福の方は如何にして招くべきか、口舌の利用によって福も来るものではないか」

「……人の困難な場合を救ってやることができたとか、……物事の調停をしてやったとか、……すべて口舌が無かったら、それらの福は来るものではないと思う」

私もどちらかといえばおしゃべりなほうですので、渋沢の言うことに全面的に賛成したいと思っています。そのおかげでたくさんの福をいただいているからです。

渋沢はまた、「……如何に揚げ足を取られようが、笑われようが、余はひとたび口にして言う以上は、必ず心にもないことは言わぬという主義である」と、相手と本気で話し、弱点をもさらけだすことの大切さも言っています。

たしかに対人関係においては、本音でしゃべることが相手の心を開かせるコツです。

ＮＨＫの歴史番組でご一緒した稀代のインタビュアー・田原総一朗さんも、相手の本音を引き出すには、媚《こ》びたり、おもねったりしないことだと言っていました。それはかえって逆効果だというのです。

実業家としての渋沢にとって、禍を恐れずものを言うことは、企業を興していく上でも大事なことだったでしょう。志ある人を見つけ、「やってみたらどうだ」と促し、失敗を恐れて躊躇する相手に「やってみなければわからないぞ」と励ますことも、渋沢の仕事の一つだったに違いないからです。

たくさんの事業を展開した渋沢です。ときには失敗し、その度に学んだはずです。失敗することの大切さを知っていたに違いありません。

これはもちろん、現代の私たちにも通じることです。私のような研究者にもときどきあることですが、新しい仕事に怖気づいたり行き詰まったりしたとき、とにかく何か思いついたことを口に出してみる、あるいは何か行動を起こしてみる。「拙速」でいいから何か結果を出してみる。するとそこに、なんらかのリアクションが生まれ、新しい問題解決のきっかけが見えてくることが多いのです。

そういう意味でも、現代における日本の研究機関の有様を私は危惧しています。というのも、優れた研究機関を持ちながら、失敗したときの批判を恐れて手を出しかねている若者が多いからです。

渋沢も、芭蕉の句**「ものいへば唇寒し秋の風」**を引用して、これではあまりにも消極的すぎると言っています。

この渋沢の指摘を借りるなら、むしろ「ものいへば唇温《ぬ》くし春の風」くらいに前向きに、失敗を恐れず発言していってはどうかと私は思っているのです。

偉い人とは一芸に秀でた人。完き人とはバランスのとれた人

偉き人と完き人

この章の「常識とは如何なるものか」の項で述べているように、渋沢は、常識人とは「智」「情」と「意」を併せ持つ人のことであると明言しています。しかし、この三点を備えた常識人だけでは、世の中は動いていかないものだとも言っています。

「史乗《しじょう》（歴史の記録）などに見ゆる所の英雄豪傑には、とかく智情意の三者の権衡を失した者が多いようである。……かくのごときものは、如何に英雄でも豪傑でも、常識的の人とはいわれない。……偉き人と完《まった》き人とは大いに違う」

渋沢に言わせれば、偉い人は人間が備えるべき三つの要素を持っていなくても、その欠陥部分を補ってあまりあるだけの超越したところを持っている人です。このことは政治家などにはよく言われることで、政敵から攻撃されやすい欠点があっても、それを補ってあまりある仕事力があれば、目立った欠点はなくても鳴かず飛ばずの人物より、いざというときに役立つ「偉い」政治家になれるということでしょう。

幕末の名君・島津斉彬《なりあきら》は、江戸から招いたガラス職人を酒癖があったにもかかわらず召し抱えました。その結果、薩摩切子という美術工芸品が生まれたといわれています。斉彬は、「人ハ一能一芸ナキ者ナシ」と話していたそうです。

もちろん現実には、そうした「偉い」人物ばかりでは社会は成り立ちません。渋沢が望むのは、多くの常識人と小人数の偉人で構成された社会のようです。そうなると重要になるのが、年配者の存在です。

なぜならば、若者はとかく偉人になりたがり、齢を重ねるにしたがって、常識人になっていくものだからです。自分の来し方行く末に思いを馳せるからかもしれません。

「……しかるに常識というものは、その性質が極めて平凡なものであるから、

奇矯を好み突飛を好む青年時代に、この平凡な常識を修養せよというは、彼らの好奇心と相反する所があろう」

たしかに、齢を重ねても常識に欠けている人は、「年甲斐もなく……」などというそしりを受けかねません。成長し成熟し、その結果、完き人になっていくのです。渋沢が敬老心を持ち、老人を尊重するのは、世の大多数が常識人であることを望んでいるからでしょう。

人間にとって往生こそが最終の理想とする仏教においては、老いを往生にいたる現世の成熟の過程と考えます。渋沢流に言えば、老いるというのは常識人になることなのです。

そしてこう締めくくっています。

「政治界でも、実業界でも、深奥《しんおう》なる学識というよりは、むしろ健全なる常識ある人によって支配されているを見れば、常識の偉大なることは言うまでもないのである」

親切らしき不親切

親切にしすぎると、かえって不親切になる

「親切が仇《あだ》になる」という言葉があるように、相手によかれと思ってしたことが、かえって親切の押し売りになってしまって、相手のためにならなかったということがあります。渋沢は、わかりやすい例を挙げてそのことを述べています。

「昔の小学読本に、『親切のかえって不親切になりし話』と題して、雛《ひな》が孵化《ふか》せんとして卵の殼から離れずに困っておるのを見て、親切な子供が殼を剥いてやったところが、かえって死んでしまったという話がある」

これは禅宗の『碧巌録《へきがんろく》』にある有名な禅語「啐啄同時《そったくどうじ》」の実例ともいえる話です。鳥の雛が卵から孵《かえ》ろうとするとき、中から鳴いたり殻をつついたりする（これを「啐」という）のと、母鳥が外から殻をつついて殻を破る手伝いをする（これを「啄」という）のが、じつに絶妙のタイミングで同時に行われることをいっています。

この「啐啄同時」に任せておけば、雛はもがきながらも無事に孵ったはずなのです。自然の摂理を無視した親切の押し売りが、雛を殺してしまったわけで、渋沢は、凡人はとかくこうした間違いを犯しがちだとして、さらに孟子が挙げた例を紹介しています。苗を植えた人が、その苗がなかなか大きくならないのを見て、成長を助けるために引き抜いて伸ばそうとして枯らしてしまったというものです。

「苗を長ぜしめるには水の加減、肥料の加減、草を芟除《せんじょ》する（刈り除く）ことによらなければならぬのに、これを引き抜いて長ぜしめようとするのは、如何にも乱暴である」

私はこの二つのわかりやすい例を見て、これは教育の原理であり神髄であると感じました。親は子どもに苦労をさせたくなくて、転ばぬ先の杖を差し出したり、失敗しないようにお膳立てをしてしまったりしがちです。渋沢はそれを戒めているのです。

「志が如何に善良で忠恕《ちゅうじょ》の道に適っていても、その所作がこれに伴わなければ、世の信用を受けることができぬ訳である」

また、渋沢は逆に、親切心からではなくても、その行為が人の意にかない、結果として親切になっているのであれば、それもいいだろうと認めてもいます。

その一例として挙げたのが、八代将軍・徳川吉宗のことでした。吉宗が老母を背負って来た孝行者に褒美を取らせたところ、それを真似て他人の老婆を背負ってやって来た男がいました。褒美が目当てとわかっていても、吉宗はその男に褒美を取らせたそうです。

「側役人から彼は褒美を貰わんための偽《にせ》孝行であると故障を申し立てた。すると吉宗公は、イヤ真似は結構であると篤《あつ》く労《いた》わられたということである」

たとえ親切心からの行為でなくても、結果としてその老婆は、自分では行けないところへ行くことができたのだから、その行為は正しかったことになります。だから認めてもいいではないかということでしょう。

これは、いかにも渋沢らしい現実主義です。これまで存在しなかった財界というものを広げていくためには、「清濁併せ呑む」ということも必要だと思っていたのではないでしょうか。

動機と結果

動機と結果は、必ずしも結びつくものではない

渋沢は前出の項を受けるようにしてさらに、心得違いの軽薄な人間を嫌いつつも、志が立派ならば行為も善であるとは限らず、行為が善でも志は低いということもあると言います。

そして、英国の倫理学者ミュアヘッドと、ドイツの哲学者パウルゼンの説を比較することで自説を展開しています。

「ミュアヘッドという倫理学者は、動機さえ善ならば、結果は悪でもいいという。……パウルゼンの説では、動機と結果、すなわち志と所作の分量性質を仔

細に較量《きようりよう》（比較）してみなければならぬという」

つまり、ミュアヘッドの説は、ピューリタン革命の指導者クロムウェルが国を救うために国王を殺し自分が皇帝になったことについて、動機が善だからその行為も善とするというものです。一方、パウルゼンの説は、国のための戦いであっても、負ければ悪であり勝てば善になるというものです。

「私はパウルゼンの説が果たして真理かどうかは解らぬが、単に志が善ならば、その所作も善だというミュアヘッドの説よりも、その志と所作とを較量した上に、善悪を定めるという説の方が確かなように思われる」

ここにも、渋沢の現実主義が表れています。志がどうであれ、結果がすべてだと言っているからです。もちろん、志も高くて結果も素晴らしいというのであればそれに越したことはありません。

しかし、そういうことは少ないというのが現実です。その現実を踏まえているところに、渋沢の立ち位置があるのではないでしょうか。

現代に生きる私たちは、日本に財界を根づかせようと必死の努力をしてきた渋沢の姿を捨象して、渋沢の道徳観を語ってはならないと思います。

人生は努力にあり

培った知力は老齢になっても生かすべき

渋沢は、この項の冒頭で自分の齢を「七十四の老人」と明かしてのち、それでも今も活動していると意気軒昂です。

「実際一日といえども職務を怠るということをせぬ。毎朝七時少し前に起床して、来訪者に面会するように努めている。……（だから）若い人々は大いに勉強して貰わねばならぬ」

と、若者を叱咤激励することも忘れません。さらに、怠惰を固く戒めているのは、怠惰は癖になるからでしょう。

働くよりは座っているほうが楽だと思って座っていると膝が痛くなってくる、膝が痛いから寝転んで楽になろうとすると腰が痛みだすという具合で、つまり怠惰の結果は怠惰なのだと渋沢は言います。勉強も仕事も同じだと言いたいのでしょう。

「智力如何に充分ではあっても、これを働かさねば何の役にも立たない。そこで、これを働かせるということは、すなわち勉強してこれを行なうことであって、この勉強が伴わぬと、百千の智もなんら活用をなさぬ」

渋沢自身も、**「老年となく青年となく、勉強の心を失ってしまえば、その人は到底進歩発達するものではない」**と、勉強にも怠りはなかったようです。

じつは、この項の冒頭の部分を読みながら、私は不思議なご縁を感じました。渋沢は**「予は本年（大正二年）、最早七十四歳の老人である」**と述べていますが、私もじつは「本年（二〇二一年）、七十四歳の〇〇」なのです。

年齢の下を〇〇にしたのは、当時と時代が違い、日本は長寿国になっているからです。

私のような熟年世代が「老人」と思えないほど元気でいるという、前人未到の時代を日本は迎えているということになります。

ちなみに、日本老年医学会では、七五歳以上を「高齢者」、六五歳から七四歳までを「准高齢者」と定義することを提言しています。

私の高校・大学時代の同期生に、高齢者の終末期看護を専門としている人がいるのですが、「知的活動は、一二〇歳に向けて蓄積発揮されることが証明されている」と言うのです。

とはいえ、早朝覚醒とか昼間睡魔に襲われるなど、「加齢現象」への自覚もあることは確かです。しかも、それをどう乗り切るか、満足できる終末期をいかに迎えるかについては未回答のままです。

長きよき職業人生を維持発展させるためには、それぞれに自分らしく仕事をする工夫が必要なようです。私は渋沢にならって、一二〇歳に向けた人生に加わることを楽しみに、これからの日々を過ごしたいと思っています。

第4章

論語と算盤

「仁義と富貴」を読む

真正の利殖法

事業は利欲だけでは成り立たず、仁義道徳だけでも成り立たない

渋沢は、あらゆる事業が利殖を図るためにあることを認めつつ、孟子の言葉「なんぞ必ずしも利を曰わん、また仁義あるのみ」「上下交《こもご》も利を征《と》りて饜《あ》かず、国危うし」などを引用して、次のように述べています。

「もし商工業にして物を増殖するの効能がなかったならば、すなわち商工業は無意味になる。……去りながら、その利殖を図るものも、もし悉《ことごと》くおのれさえ利すれば、他はどうでも宜かろうということをもって、利殖を図って行ったならば、その事物は如何に相なるか……真正の利殖は仁義道徳に基づかなければ、

郵 便 は が き

1 5 1 0 0 5 1

お手数ですが、
切手を
おはりください。

東京都渋谷区千駄ヶ谷 4 - 9 - 7

(株) 幻 冬 舎

書籍編集部宛

ご住所 〒 都・道 府・県	
	フリガナ お名前
メール	

インターネットでも回答を受け付けております
https://www.gentosha.co.jp/e/

裏面のご感想を広告等、書籍の PR に使わせていただく場合がございます。

幻冬舎より、著者に関する新しいお知らせ・小社および関連会社、広告主からのご案内を送付することがあります。不要の場合は右の欄にレ印をご記入ください。

不要 □

本書をお買い上げいただき、誠にありがとうございました。
質問にお答えいただけたら幸いです。

◎ご購入いただいた本のタイトルをご記入ください。

『　　　　　　　　　　　　　　　　　　　　　　　　　　　　　』

★著者へのメッセージ、または本書のご感想をお書きください。

●本書をお求めになった動機は？

①著者が好きだから　②タイトルにひかれて　③テーマにひかれて
④カバーにひかれて　⑤帯のコピーにひかれて　⑥新聞で見て
⑦インターネットで知って　⑧売れてるから／話題だから
⑨役に立ちそうだから

生年月日	西暦　　年　　月　　日（　　歳）男・女			
ご職業	①学生	②教員・研究職	③公務員	④農林漁業
	⑤専門・技術職	⑥自由業	⑦自営業	⑧会社役員
	⑨会社員	⑩専業主夫・主婦	⑪パート・アルバイト	
	⑫無職	⑬その他（　　　　　　）		

ご記入いただきました個人情報については、許可なく他の目的で使用することはありません。ご協力ありがとうございました。

決して永続するものでない」

たとえば、仁義道徳のみだった宋と、宋を滅ぼした元の利殖主義が、どんな結果を招いたか。

「(宋時代の学者は)すべて空理空論に走るから、利慾を去ったら宜しいが、その極《きょく》その人も衰え、したがって国家も衰弱に陥った」

たしかに「宋学」とも呼ばれる朱子学には、無前提にこの世の中の秩序を認めてしまうというところがあって、変革を生み出すことができません。観念論だけで現実を把握することをしないからです。それが積み重なって、宋という王朝は滅亡への道を歩んでいったのでしょう。

それは日本にもあてはまる部分があります。明治維新の経済政策にしても、観念論だけで現実を直視せず、当時の日本の基幹産業である農業を基本にした上での立案をすることを怠りました。

また渋沢は、宋を滅ぼした元については逆に、

「人は構わぬ、おのれさえ宜ければ良《い》い、国家は構わぬ、自己さえ宜ければ良い。その極、国家は如何なる権利を失い、如何なる名声を落とすとも、個人の発達を考えて国家を顧みる人は、ほとんど稀《まれ》だという有様である」

このように両国を比較した結果、渋沢の出した結論は次の通りです。

「物を進めたい、増したいという慾望というものは、常に人間の心に持たねばならぬ。しかしてその慾望は、道理によって活動するようにしたい。この道理というのは、仁義徳、相並んで行く道理である。その道理と慾望とは相密着して行かなければ、この道理も前にいう、支那の衰微に陥ったような風に走らないとはいえない」

渋沢は、隣国中国の栄枯盛衰の有様から、こうした教訓を得たのでしょう。

孔夫子の貨殖富貴観

孔子も認める「仁義王道」と「貨殖富貴」の両立

前出の項で孟子の言葉が紹介されていますが、それを文字通りに解釈すると、儒学が仁義道徳を重んじ、利殖を悪としているかのようです。渋沢は、多くの儒学者がそのように解釈していることに反意を唱えています。

儒者は、「孔子は、富貴の者に仁義王道の心あるものはないから、仁者になりたければ、利殖を求める心を捨てなさい」と言っているとしているけれど、論語の二〇篇をくまなく読んでも、そういう意味のことはまったく書かれていないというのです。

論語の中の「富と貴きとはこれ人の欲する所なり。その道をもってせずしてこれを得れば処《お》らざるなり。貧と賤とはこれ人の悪《にく》む所なり。その道をもってせずして、これを得れば去らざるなり」という箇所を取り上げて、いかにも富貴を悪としているように解釈されるが、じつはそういう意味ではないと主張しています。

「孔子の言わんと欲する所は、道理を有《もっ》た富貴でなければ、むしろ貧賤の方がよいが、もし正しい道理を踏んで得たる富貴ならば、あえて差し支えないとの意である。……『道をもってせずしてこれを得れば』という所によく注意することが肝要である」

「富貴といい功名といいさえすれば、その善悪にかかわらず、何でも悪いものとしてしまったのは、早計もまた甚だしいのではないか。道を得たる富貴功名は、孔子もまた、自ら進んでこれを得んとしていたのである」

要するに、帰するところは人格だということでしょう。私にしても、ずっと教育の現場に立っていて、いろいろな学生を見てきました。頭のいい学生は掃いて捨てるほどいますが、就職などに際して推薦するかしないかの基準は人格です。

人格者とは、孔子の言葉を借りれば、「その道をもって、富と貴きを手に入れる人」のことをいうのでしょう。つまり、利己と利他との両方を考えることができる人間のことであり、そういう人こそ、本当に頭のいい賢い人間といえるのではないでしょうか。

私も利己と利他は矛盾しないと思います。自己の欲望を追求した先に、利他的な自己がいるのが理想です。

儒学の基本は「忠恕《ちゅうじょ》」にあります。忠恕とは、真心と思いやりがあることをいい、孔子は、忠恕の心を「仁」と呼んで、儒教における最高の徳であると説きました。

もちろん、現実主義者でもあった渋沢は単純な性善説信者ではなかったでしょうが、人はとっさのとき、性善説で判断するものであることを、孔子も、孔子の教えを生き方の基本にした渋沢も、最終的には信じていたと思われます。

防貧の第一要義

いくら苦労して稼いだ財産でも、それが多いほど人のお陰になっている

渋沢が事業家として成功していく中で、その根底にあり続けたものは「自分一人の力では何事もなしえない」ということでした。

「如何に自ら苦心して築いた富にした所で、富はすなわち、自己一人《いちにん》の専有だと思うのは大いなる見当違いである。……国家社会の助けによって自らも利し、安全に生存するもできるので、もし国家社会がなかったならば、何人《なんぴと》たりとも満足にこの世に立つことは不可能であろう。これを思えば、富の度を増せば増すほど、社会の助力を受けている訳だから、この恩恵に酬ゆるに、救済事業を

もってするがごときは、むしろ当然の義務で……」

そして、『論語』にある「己れ立たんと欲して而して人を立て、己れ達せんと欲して人を達す」を引いて、自分を愛する観念の強さと同じだけの度合いで社会を愛さなければならないと説いています。

この言葉は、「自分が上に立ちたいと思ったときには人を立て、自分がある地点まで達したいと思うのであれば、それを人に譲りなさい」という意味ですが、この考え方は西郷隆盛の「敬天愛人」につながるものがあります。

この言葉は『南洲翁遺訓』に見られるもので、「道は天地自然の物にして、人はこれを行うものなれば、天を敬するを目的とす。天は人も我も同一に愛し給ふゆえ、我を愛する心を以て人を愛する也」とあります。

これらの言葉のミソは、自己を愛する観念を否定していないことでしょう。自己を愛するように、社会を愛せばいいのです。

とはいえ私たちの日常では、自分の利益のみを追い求める人が多く、譲り合いの精神は希薄になりつつあるように思えます。

たとえば、現代の日本では残念ながらＮＰＯ活動が活発ではなく、寄付社会が成立していません。「さわやか福祉財団」の堀田力会長は、日本の寄付文化は欧米より二〇～三〇年遅れていると言います。人々が、儲けたお金はすべて自分のものだという誤った考え方をしているからです。

渋沢のように、そのお金は社会のものだという根本的な公共の観念がないのでしょう。このままでは、渋沢が「真正の利殖法」の項で例に挙げた元のように、国力は衰えていくのではないでしょうか。

その壁を破るものがあるとすれば、それはクラウドファンディングでしょう。これはさまざまなものやサービスを新たにつくりたい、こうすれば社会問題は解決する、などということを企画した人が、広く資金を募ることです。

いわば一種の投資話ですが、お金持ちでなくても「貧者の一灯」的な社会貢献ができるところがポイントです。気軽に参加できるので、現に多くの人が起業に成功し、その輪を広げているようです。

金銭は、人の心掛け次第で貴いものにも卑しいものにもなる

罪は金銭にあらず

「もつ人の心によりて宝とも　仇《あだ》ともなるは黄金《こがね》なりけり」

これは、渋沢がこの項で紹介している昭憲皇太后（明治天皇の皇后）の御歌です。渋沢は、金銭というものの核心をついているこの歌にいたく感動しています。

おそらく、古今東西の思想家が、金銭を卑しむべきものとばかり考えていることに違和感を持ったからでしょう。

「とにかく東洋古来の風習は、一般に金銭を卑しむこと甚だしい……」

「アリストートル（アリストテレス）の言として、『すべての商業は罪悪である』

という意味の句があった」

昭憲皇太后の御歌に感銘した渋沢は、金銭を宝にすべきだと考え、若者に、金銭は卑しむべきとの説によくよく注意を払うように促しました。

「余は平生の経験から、自己の説として、『論語と算盤とは一致すべきものである』と言っている。孔子が切実に道徳を教示せられたのも、その間、経済にも相当の注意を払ってあると思う。……世に立って政《まつりごと》を行なうには、政務の要費はもちろん、一般人民の衣食住の必要から、金銭上の関係を生ずることは言うまでもないから、結局、国を治め民を済《すく》うためには道徳が必要であるから、経済と道徳とを調和せねばならぬ」

渋沢は、これを実業家としての自分にあてはめ、常に論語と算盤との調和が肝要であると説いています。

しかし、人間の利欲に対する念は強いので、ともすれば道義よりも富を重んじがちです。

その責任はその人にあるとはいっても、こういう風潮が広がれば、金銭を卑しむ思想が再び広がるかもしれません。渋沢はそれを恐れて、この項を次のように結んでいます。

「わが国の青年諸君も深くこの点に注意して、金銭上の禍に陥らず、倍々《ますます》道義とともに金銭の真価を利用する様に勉められんことを望むのである」

金力悪用の実例

金力の悪用は結局、当事者だけでなく、社会全体や国の信用まで失墜させる

昔の時代劇を観ると、必ず登場するのは御用商人です。御用商人は、金銭にものを言わせて悪家老や悪代官と結託し、金儲けに走ります。悪徳役人の決め台詞は「おぬしもわるよのう」と相場が決まっています。

もちろん、勧善懲悪を旨としていますから、彼らは必ず成敗されることになっています。観客はそれを見て溜飲を下げるのですが、これは逆にいえば、古今東西同じような事件が現実に起こっているということでしょう。

渋沢もこうした現実に慨嘆したのでしょう、実例を挙げて嘆いています。

「海軍収賄《しゅうわい》事件のような大仕掛けの罪悪は、苟も双方悪い考えが一致しなければできぬ筈である。よし一方から賄賂《わいろ》を贈ってきても、一方がこれを受けぬといえば仕方がない。また役人に不心得な者があって、婉曲《えんきょく》にあるいは露骨に贈賄を促したとて、御用商人たる実業家が、自己の良心に省みて面目信用を大切に思う者ならば、必ずそんな要請には応じない筈である」

ここにある海軍収賄事件とは、シーメンス事件と呼ばれ、大正三年（一九一四）に起こった贈収賄事件です。ドイツの軍需会社シーメンスが、日本海軍高官に贈賄したことが発覚し、海軍長老の山本権兵衛が首相を務めていた内閣は総辞職しています。

海軍は明治の初めからイギリスやドイツなどから艦船や装備品を輸入していたので、輸入先企業の競争が激しく、海軍の高官たちはさまざまな誘惑にさらされていたのでしょう。

山本権兵衛といえば、西郷隆盛の弟・従道から全幅の信頼を受けて、海軍創設に尽力した人物です。しかし時代が進み、次第に藩閥や軍閥に対する批判が高まりつつあるときでした。

しかも、実業界のメンバーまでもが検挙されることになったので、渋沢の嘆きはさらに深まったのです。

「斯様な不正な贈賄をなす実業家は、海外には有りもしようが、わが日本にはあるまいと思っていたが、苟も海外のそれに紛らわしい者が、わが実業家中にもあるというのでは、甚だもって遺憾に堪えない。それかあらぬか遂に三井会社の人までも、その嫌疑の下《もと》に検挙されたのは、甚だもって痛心の至りである」

じつは、当時三井に肩入れをしていたのは井上馨です。山口県萩藩の郷士の家に生まれた井上は、尊王攘夷運動で活躍し、維新後は参与、大蔵大輔《たいふ》、外務卿などを歴任しました。三井家との関係も深く、西郷は彼のことを「三井の番頭さん」と呼んで皮肉っていたという話も伝わっています。

さらにいえば、明治の初め、「山城屋事件」という役人との結託事件が起こっています。岩倉使節団が海外視察に出かけて留守中の明治五年（一八七二）、奇兵隊で山県有朋の部下だった山城屋和助は、山県が陸軍大輔を務めていた当時、陸軍省などから多額の貸付を受けていました。しかし、損失がかさんで返済不能になってしまいます。それが発覚し、陸軍省の内部で山県の排斥運動が起こりました。和助は自決し、山県も一時的に失脚しました。

ことほど左様に、こうした事件は続発するもので、もちろん現代においても例外ではないようです。

「実業界に不正の行為が跡を絶たぬようでは、国家の安全を期することができないというまでに、深く私は憂えている」

現代に生きる私たちも、渋沢のこの言葉を嚙みしめる必要がありそうです。

金力の悪用は、それを行った本人たちだけでなく、彼らを包む実業界や社会、ひいては国の信用にも関わってくる。それは本人たちにとっても、結局は大きなマイナスになって返ってくる、と渋沢は言いたいのでしょう。ここにこそ「論語と算盤」の、とくに「論語」の大切さが際立つということにほかなりません。

義理合一の信念を確立せよ

危険思想が発生するのも、仁義を忘れた理財がはびこるからである

渋沢は、社会主義と無政府主義を唱えた思想家・幸徳秋水を「**古来わが国には、あれほどの悪逆思想はいまだかつて無かった**」「**最も忌むべき病毒**」として、その対処に苦心しています。当時の経営者の正直な感覚でしょう。

渋沢の主張がそのまま通じるわけではありませんが、孔孟《こうもう》の教え「義理合一」の正しい解釈には耳を傾ける価値があるでしょう。

渋沢は、日本が世界的事物を取り入れてその恩恵に浴したという事実、つまり利得を得たことを「利用厚生」と呼び、利用厚生と仁義道徳の結合が不十分だったために、危険思想が流入したとしています。

「要するに、これ後世の学者のなせる罪で、すでに数次《しばしば》述べたるごとく、孔孟の訓《おし》えが『義理合一』であることは、四書を一読する者のただちに発見する所である」

渋沢は、朱子がこの言葉を「事業を推し進めることは、たとえ業績を上げたとしても、私利私欲のためであり、聖者のすることではない」とし、利得を得ることをけなしていると解釈するのは間違っていると主張しています。

「これを別様の意味から言えば、仁義道徳は仙人染《じ》みた人の行なうべきことであって、利用厚生に身を投ずるものは、仁義道徳を外《よそ》にしても構わぬといふに帰着するのである。かくのごときは、決して孔孟教の骨髄ではなく……」

彼の解釈は、論語の主要テーマである「仁」をなせばなすほど、本当の意味での富が貯えられるということでした。

解釈の誤りが原因で、実業家は利己主義に走り、その念頭に仁義の心をなくしたと渋沢は言います。そして、嫌悪すべき危険思想が広がる責任は、私利私欲に走る実業家にあるとしているのです。

「この際われわれの職分として、極力に義道徳によって利用厚生の道を進めて行くという方針を取り、義理合一の信念を確立するように勉めなくてはならぬ。富みながら、且つに義を行い得る例はたくさんにある。義理合一に対する疑念は今日ただちに根本から一掃せねばならぬ」

渋沢はこの本で、繰り返し論語と算盤の一致を訴えています。それは逆に考えれば、彼の考え方がなかなか理解されなかったということの証に思えます。異質の実業家だったのかもしれません。

たしかに、「解説」で述べるように「創造的資本主義」という言葉が登場し、渋沢が見直され始めたのは二一世紀初めになってからのことです。これだけの時間が必要だったということでしょうか。

正当に儲けたお金でも、正しく使わなければ価値はない

よく集めよく散ぜよ

世の中には悪知恵の働く人がいるもので、法的には問題がなくても、道義上の疑問が残る方法でお金儲けをする人がいます。

こうした輩は論外ですが、渋沢は、たとえ正当な方法で集めたお金でも、それを貯めこんでいたのではなんの価値もない代物だと言います。しかし、使うためにはお金が必要でしょう。そこでまずしなければいけないのはお金を集めることです。

「総じて、金は貴ばなければならぬ。……貨幣は物の代表であるから、物と同じく貴ばなければならぬ。昔、禹王《うおう》という人は、些細な物をも粗末にしなかっ

た。……一寸の糸屑半紙の紙切れ、または一粒の米とても、決して粗末にしてはならないのである」

これはつまり、ものを大事にすること＝お金を大事にすることに通じるということでしょう。その例として、ギルバルトという銀行家のエピソードを取り上げています。

ギルバルトが若いころ、面接のために銀行に行ったとき、落ちていたピンを見つけ、それを拾って衿に挿しておきました。面接官にそのわけを聞かれて「取り上げれば役に立つけれど、そのままにしておけば危険物になる」と答えたそうです。

「試験役は大いに感心して、……遂にこれを任用し、後年に至りて大銀行家となったということである」

これは、ものを貴ぶ人はお金も貴ぶという典型例です。とはいえ、貴ぶあまりそれを貯めこんでいてはいけません。

「よく集めよく散じて社会を活発にし、したがって経済界の進歩を促すのは、有為の人の心掛くべきことであって、真に理財に長ずる人は、よく集むると同時によく散ずるようでなくてはならぬ。……金に対して戒むべきは濫費《らんぴ》であると同時に、注意すべきは吝嗇《りんしょく》である。よく集むるを知りて、よく散ずることを知らねば、その極、守銭奴となるから……」

まるで現代の流通経済や、経済循環論を聞いているような気がします。

渋沢のこうした「財を貯めこまず有用なことに使え」という主張は、西郷隆盛の「児孫のために美田を買わず」に通じるものがあります。この言葉は、子どもを甘やかさないための子育て論に見えますが、じつはそうではありません。

西郷は、子孫に美田を残そうとして理財に走ると、志を遂げることができないという意味でこの言葉を残したのです。

この無私無欲ともいえる考え方は、江戸無血開城の交渉のとき、その西郷に向けて勝海舟が使者に立てた山岡鉄舟にも共通したものがありそうです。

勝海舟に手紙を託された、剣客としても名高い山岡鉄舟は、敵である新政府軍の布陣する中を、命の危険も顧みず一路、西郷のいる静岡に向かいました。西郷に面会すると、言うべきことを言って堂々と渡り合い、見事に使者の役目を果たしました。

のちに、西郷は勝海舟に山岡のことを次のように語ったそうです。

「あんな生命も金も名もいらぬ人間は始末に困る。しかしこの始末に困る人ならでは共に天下の大事を語るわけにはまいりませぬ」(『勝海舟評論』『鉄舟随感録』)

勝海舟も、「もしこれが他の人間だったら、少しでも関係したことは一分一厘漏らさぬばかりか少々尾ひれをつけて吹聴するに決まっているが、鉄舟はそんなケチ臭いことは夢にも思わない。自分のしたことすら公言せず、いつも『先人には及ばない』『天道に恥じる』と言っていたよ」と、山岡のことを語っています。

そういう意味では、江戸無血開城を自分の手柄にせず、山岡の功績を公言した勝海舟もまた、無私無欲の人だったといえるでしょう。

こうして人・財を世に出し、動かし、流通させることによって、世の中は活発になるでしょう。無私無欲の人には結局まわりまわって本当の豊かさが巡ってくるのだともいえそうです。

第5章

論語と算盤

「理想と迷信」を読む

この熟誠を要す

仕事を知ること・好むことより、楽しむことこそ仕事の成果につながる

現代において「趣味」といわれると、読書とか日曜大工などといった娯楽や道楽に近いものを思い浮かべます。しかし、渋沢の言う趣味とは、仕事への向き合い方を指しているようです。

「趣味を持って事物を処するというのは、わが心から持ち出して、この仕事はかくしてみたい、こうやってみたい、こうなったから、これをこうやったならば、こうなるであろうというように、種々《いろいろ》の理想慾望をそこに加えてやって行く。それが初めて趣味を持ったということ、すなわち趣味というのはその辺に

あると、私は理解する」

これは「好きこそものの上手なれ」ということわざに通じるものがあります。好きなことであれば、あるいは、興味を持つことができれば、熱意をもって取り組むことができ、その結果、社会の役に立つほどの功績を上げることになるということでしょう。

渋沢にとって「趣味」を伴わない仕事は、**「生命の存在したものでなくて、ただ形の存したもの」**でしかなくなるということです。それは、齢を重ねたとき、ただの肉塊の存在になるのと同じであるとしています。

「事業を処するにもその通り、ただその務めるだけでなく、そのことに対して趣味を持たなければいかぬ。もし趣味がないなら精神がなくなってしまう」

私は、この項の最後に紹介されている孔子の言葉、**「これを知る者は、これを好む者に如《し》かず。これを好む者は、これを楽しむ者に如かず」**に非常に感銘を受けました。

これは、「これを学ぶよりは、好きであるほうがいい、好きであるよりも楽しむほうがいい」という意味であり、楽しむことが一番ということです。はばかりながら、私にもあてはまる言葉なのです。

作家・事業家で、「金儲けの神さま」と言われた邱永漢《きゅうえいかん》氏は、「お金を儲ける一番いい方法はなんですか?」と聞かれて、どんなに有利に見える投資法より「それは天職を持つことだ」と答えたそうです。

戦後日本の起業家として象徴的な存在であるソニー創業者の井深大《いぶかまさる》氏は、いい仕事をした報酬として何をもらうのが一番うれしいかと聞かれ、「仕事」と答えたそうです。

邱氏も井深氏も、仕事を仕事でなく天職として「楽しむ」姿勢を示しています。これこそまさに、孔子が言い渋沢が称揚する「これを知る者は、これを好む者に如かず。これを好む者は、これを楽しむ者に如かず」、つまり「仕事を学ぶ者も、好む者も、仕事を楽しむ者には敵わない」のです。

どちらの見解も、この項で渋沢の言う、

「何事でも自己の掌《つかさど》ることに深い趣味をもって尽くしさえすれば、自分の思う

通りにすべてが行かぬまでも、心から生ずる理想、もしくは慾望のある一部に適合し得らるる」

に通じるものがあります。

仕事を楽しんだときこそ、いい仕事ができ、その仕事がまた次の仕事を楽しめる機会を与えてくれる。こんな幸せなことはありません。

一八世紀後半から始まった産業革命の目的は、「労働（labor）」から解放され、「余暇（leisure）」の時間を増やすことにあったことを思い出します。じつは、余暇とはもともとギリシャ語から来たもので、その原義は「学び」、すなわち自己実現にあります。

私は、その自己実現のためには、「遊び（play）」が大切だと考えています。しかし、生涯学習の時代といわれている現在、インターネットが普及したために、現代人はコンピュータやスマートフォンの前に釘づけになり、「遊び」を失った「作業（work）」に追われているのではないでしょうか。

道徳は進化すべきか

世の変化にともなって、不変の道徳にも変化が加わる

古代中国の書物に『二十四孝』があります。模範的な二四人の孝行話を記したもので、孝行を重要視した古代中国王朝が後世に残すべき道徳として編纂しました。

これらの話は儒教の教えに基づくものですが、渋沢は**「最も笑うべき」**ものとして、貧しい男が親を養うために自分の子どもを生き埋めにしようと思ったという話を取り上げています。

穴を掘ったら、そこから黄金の入った釜が出てきたので、子どもを生き埋めにしなくても、親孝行ができたという話です。親孝行のために子どもを犠牲にするなど、大いに疑問があります。さらに、親に魚を食べさせたいと願い、裸で凍った池に寝て魚を飛び出させ

たという話も取り上げ、凍え死んだらかえって親不孝にならないかと疑問を呈しています。

これについて福沢諭吉は、『学問のすゝめ』で偶然同じ話を取り上げて、ほとんどの話ができがたいことと一笑に付しています。

「父母を養う働きもなく、罪のない子を生き埋めにしようとは、鬼とも蛇ともいうべきで、また裸で氷の上に寝るなど人間にできることではない」と言うのです。

そしてもう一つ、自分の体に酒を注いで蚊に喰わせ、親が刺されないようにしたという話を取り上げて、酒を買うお金で蚊帳を買えばいいものを、と皮肉っています。

渋沢は、このような話を**「仮説のものにて的例にはなりがたきも、……左様にまで変化するものであれば、昔の道徳というものは、あまりに尊重すべき価値は無くなるが……」**と逡巡しながらも、結局、次のような結論に達しています。

「今日理化学が如何に進歩して、物質的の智識が増進して行くにもせよ、仁義とかいうものは、……あまり変化をしておらぬように見える。果たして、しからば古聖賢の説いた道徳というものは、科学の進歩によって事物の変化するご

とくに、変化すべきものではなかろうと思うのである」

　私は、渋沢のこうした逡巡する心を推察しながら、蕉風俳諧《しょうふうはいかい》（松尾芭蕉によって主導された俳句の作風）の理念「不易流行」を思い出しました。これは変わることのないものを忘れることなく、新しいものをそこに加えていくことこそ不変の本質だという意味だからです。

　つまり、イノベーションがあってこそ、俳句を感動させるものにするということなのです。道徳にも同じことがいえるのかもしれません。

かくのごとき矛盾を根絶すべし

文明が進むと、戦争は割に合わなくなる

「戦争は世の中が進歩するほど残虐になる。費用も多くなり、ついには戦争はなくなる」

「『モロッコ』問題（モロッコをめぐってドイツとフランスの間で起きた国際紛争、モロッコ事件のこと）が生じたとき、アメリカの有名な財政家モルガンの忠告によって戦争が避けられた」

などの学説や事件に触れた渋沢は、**「世の進歩の度が増すに随《したが》って、人々がよく考慮するから、戦乱は自然と減ずる」**という希望を抱いていたようです。

「しかるに、今日欧羅巴《ヨーロッパ》の戦争の有様は、細かに承知はしないが、実に惨澹《さんたん》た

る有様である。……その根源は、道徳というものが国際間に遍《あまね》く通ずることができないで、遂にここに至ったものと思う。……おのれの欲する所を人に施さないのであって、ただ我を募り慾を恣《ほしいまま》にし、強い者が無理の申し分を押し通すというのが、今日の有様である」

こうした事態に、渋沢が出した見解は、

「まだ文明の足らないのであると思う。かく考えると、……われわれは飽くまでも、おのれの欲せざる所は人にも施さずして、東洋流の道徳を進め、弥増《いやま》しに平和を継続して、各国の幸福を進めて行きたいと思う。少なくとも、他国に甚だしく迷惑を与えない程度において、自国の隆興を計るという道がないものであるか」

ここで言っている戦争とは、言うまでもなく大正三年（一九一四）から大正七年（一九一八）に起こった第一次世界大戦のことです。

私は、渋沢が「東洋流の道徳」を進める一方で、「他国に甚だしく迷惑を与えない程度において……」という箇所に違和感を覚えました。

なぜならば、「甚だしく」なければということは、「少しだけなら」他国を侵害してもいいという受け止め方ができるからです。私は、日本の対華二十一カ条要求（大正四年）が国際社会の反発を招いたことを思わざるをえません。

儲けを社会に還元するという渋沢の基本的な考え方は、たしかにすばらしいと思います。しかしその一方で少々、自国優先になるところがあったのではないでしょうか。

維新政府の「欧米に追いつき追い越せ」的な方針、欧米流に「植民地的方式」で海外に乗り出そうという発想、そうした明治という時代の制約から抜け出すことは、誰でも難しかったのでしょう。

そういう意味で、後世の人には、渋沢は決してきれいごとだけを言っていたわけではないというところも知っておいていただきたいと思います。

ですから、渋沢がこの項の最後で「**国際間において真の王道を行なうということを思ったならば、今日の惨害を免れしめることができようと信ずる**」と言っている、その「真の王道」とはそもそも何かという疑問が残ります。

そして渋沢の死後も、国際紛争を武力で解決しようという動きはやまず、人々は第二次世界大戦を引き起こし、現在も世界から戦争が消えていません。

世界大戦に発展しないのは、みなが道徳を身につけたからでもなく、文明が発達したからでもありません。文明が発達した結果、究極の武器である核兵器が発明されたからです。

すなわち、世界大戦が起こらない理由は、「核の抑止力」です。これを戦争に使用したら、そのとき人類は滅亡するかもしれない、その恐れから戦争を回避しているだけなのではないでしょうか。

「核の抑止力」を是認することはできませんが、さまざまな欲望に負けそうな、こうした人間の本性のようなものを踏まえつつ、「戦争の惨害」を回避する道を探し続ける必要がありそうです。

これは果たして絶望か

すべての思想は他己の精神に結びつく

渋沢は、宗派の違う宗教家たちによって開催された宗教家懇談会をきっかけにして、「帰一協会」というグループを組織しています。

これは明治四五年（一九一二）に設立されたもので、仏教、キリスト教、儒教などという宗教的観念はみな同じところに帰するものだという考え方で結集されたものです。メンバーの中には日本女子大学の初代学長・成瀬仁蔵もいます。

協会のキャッチフレーズは「階級、国民、人種、宗教の帰一」。宗教や種々の教えを説く儒教や哲学などが、同じ目的をもって理解し合い、協力し合うという主旨のもとに結集しました。

「神といい、仏といい、耶蘇《やそ》（キリスト教）といい、人間の履《ふ》むべき道理を説くものである。東洋哲学でも西洋哲学でも、自然些細な事物の差はあるけれども、その帰趣《きしゅ》（行き着くところ）は一途のように思われる」

ここに「些細な事物の差」とありますが、それについては、儒教とキリスト教の教えに若干の違いがあるとして、面白い指摘をしています。儒教のそれは消極的で、キリスト教のそれは積極的であるというのです。

「孔子教では、『己の欲せざる所、人に施す勿《なか》れ』と説いてあるのに、耶蘇の方では、『己の欲する所、これを人に施せ』と、反対に説いてあるようなもので、……しかして帰する所は一つである」

つまり、一方は「嫌なことを押しつけるな」という意味であり、もう一方は、「自分がしてほしいことをしてあげなさい」という意味で「施し」です。

いずれも、人のことを考える「仁」の心をもって行動しなさいということだと、渋沢は言っているのです。

「深く研究を進めるならば、各々宗派を分かち、門戸を異にして、甚だしきは相凌《しの》ぐというようなことは、実は馬鹿らしいことであろうと考える」

また、自分の信条としている「仁義道徳と生産殖利の一致」について、たいていの議論が帰着していると、メンバーからの賛意を得たことも記されています。

「政治にせよ、法律にせよ、軍事にせよ、あらゆる事柄をこの仁義道徳に一致させなければいけない」

日新なるを要す

政治も宗教も実業も、マンネリ化すると衰退する

渋沢は「日新」という言葉をよほど好んだようで、第2章でも引用した言葉ですが、本項でも以下のようにあらためて紹介しています。

「支那の湯《とう》の盤の銘に、『苟《まこと》ニ日ニ新《あら》ナリ、日ニ日ニ新ニシテ、又日ニ新ナリ』とある。何でもないことだが、日々に新たにして、また日に新たなりは面白い。すべて形式に流れると精神が乏しくなる、何でも日に新たの、心掛けが肝要である。

政治界における今日の遅滞は、繁縟《はんじょく》（繁文縟礼の略、雑多で煩わしいさま）に流

れるからのことである。官吏が形式的に、事柄の真相に立ち入らずして、例えば、自分にあてがわれた仕事を機械的に処分するをもって満足している。……幕府の倒れたのは、その理由からであった」

前述の通り、「湯」とは紀元前一八世紀、中国古代の殷《いん》の国の初代湯王《とうおう》のことで、この王が沐浴に使うたらいに刻んで座右の銘にしたのがこの言葉だといいます。

この項では、この言葉を引用しつつ、ものごとをマンネリ化させてはならないと説いています。徳川幕府が倒れたのは、日々新たにすることをしなかった幕府自身の責任であるという指摘は、たしかに正答です。

賢いといわれた徳川慶喜にもう少しこの精神があったなら、幕府の力を過信せず時勢を見る目があったならと惜しまれてなりません。渋沢は彼に仕えていたので、よけいにその思いが強かったことでしょう。

この言葉は、中国最古の儒教文献『四書五経』の中の『大学』第三節にあるもので、前に述べたように、『日新公いろは歌』は、作者である島津忠良の日新斎という号から名づけられました。忠良は混沌とした戦国時代、領国統一の基盤をつくりました。それが近世、彼を島津中興の祖と言わしめた所以です。

前に述べたように日新斎の孫にあたる島津義弘は、関ケ原の戦いで敵前突破をして薩摩に帰ってのち、前大守の兄・島津義久とともに、近世薩摩藩を確立しました。

忠良から始まるこれらの戦国遺訓は、郷中《ごじゅう》教育という薩摩独特の地域教育に受け継がれ、西郷隆盛や大久保利通の精神的支柱になり、さらに、外圧に抗して日本の独立を守らなければならないという明治維新の原動力になりました。

知識を学ぶためであるならば、江戸・湯島聖堂の昌平坂学問所のほうがレベルはずっと高かったと思います。しかし、学問とは知識だけで成り立つものではありません。

その点で言えば、常に外国の圧力を受けてきた地理的な条件もあって、薩摩は固定化した組織に頼らず、日々変化しなければ藩を守ることができなかったのでしょう。それが新しい時代を築く力になったのです。

この原理は、企業のトップでも政治のトップでも同じです。やはり一強で長期政権というのは弊害が大きく、どんなに優れたトップでも、気のゆるみが出たり、自信過剰になったりするものなのです。渋沢はそのあたりも見抜いていたようです。

第6章

論語と算盤

「人格と修養」を読む

楽翁公の幼時

若いころの未熟さを克服して幕政改革をした松平定信に学ぶ

この項は、楽翁公と称された松平定信について書かれています。『論語と算盤』の現代語訳の中にはこの項を省いているものもありますが、渋沢の思想が現代に生きる意味からしても重要だと思われるので、以下に見ていきます。

松平定信は、天明七年（一七八七）から寛政五年（一七九三）にかけて寛政の改革を実施した江戸幕府老中です。賄賂が横行したとされる田沼意次の政治に反対し、厳しい倹約令を出して財政引き締めを図りました。

また、無宿人たちに仕事を与える「人足寄場《にんそくよせば》」や、町の会計を節減し、その節減分の七割を積み立てて貧民や災害に備えた「七分積金《しちぶつみきん》」など、江戸庶民のための政策を打った定信を、渋沢は鑑《かがみ》としていたと思われます。

渋沢は、定信の高潔な人格を敬愛していたようで、その人格がどう培われていったのかを、定信自身の筆による『撥雲筆録《はつうんひつろく》』から抜粋して紹介しています。

それによると、定信は非常に賢く、和歌や漢詩も巧みにつくる子どもでした。しかし、松平家の御曹司だったために、定信自身の言葉で言う「褒めののしる」、つまり周囲から褒めそやされ、少々いい気になるところもありました。

しかも、癇性の強いところがあり、反省しつつもなかなか抑えることができなかったようです。

「その情をしづめけれども堪えかねたり。ひと日全く怒りの情なくくらしたく思いしかど、終にその頃はなかりき」

周囲の戒めの言葉に耳を傾けるようになったのは一八歳になったころだったと、定信自身が述懐しています。次は、渋沢の定信に対する評価です。

「この御方は天才を有っておられて、しかしてある点には、よほど感情の強い性質を有っておられたが、これと同時に大層精神修養に力を尽くされ、そして遂に楽翁公の楽翁公たる人格を、築き上げられたものと見えるのである」

渋沢は、定信への思い入れが強かったと見えて、定信の伝記『楽翁公伝』を書き、渋沢の死後六年経った昭和一二年（一九三七）、岩波書店から刊行されました。渋沢はその序文に次のような言葉を書いています。かいつまんでご紹介しておきます。

「私が漸く楽翁公に葵傾《きけい》するようになったのは、……東京府知事の大久保一翁氏から、江戸幕府時代からの積立金として東京府に保管せられて居る共有金の取締の一人に挙げられた時からである。

……共有金は養育院の費用となったばかりではなく、種々の公共的事業で大に効果を挙げたが……この共有金の由来を調査せしめたところ、これこそ天明・寛政年間に於ける幕府の老中松平越中守定信、即ち楽翁公の善政の余沢であることを明かにした」

次に述べるように、幕臣ゆえの身びいきの面もありそうですが、やはり、定信の清廉潔白さに惹かれるところはあったと思われます。

ときの政府が財界と癒着していたり、飢饉や凶作に苦しむ農民を理解しようとしなかったりなどの問題に心を痛めていた渋沢です。松平定信を見直そうという思いが起こってきたのでしょう。

渋沢は、田沼意次に対する評価を、定信の言動を借りて語っています。

「老中、田沼玄蕃頭《げんばのかみ》の政治をひどく憂えて、とてもこれでは徳川家は立ち行くことはできぬというくらいに憤慨して、ぜひこの悪政を除くには、田沼を殺す外はないから、身を捨てて田沼を刺そうと……」

渋沢の言う通り、江戸幕府が多くの共有金を残したことは事実です。しかしその一方で、定信の敷いた厳しい倹約令が江戸の庶民に息苦しい思いをさせたことも事実です。

江戸の庶民は、定信が白河藩主だったことから、「白河の清き流れに棲みかねて　もとの田沼の濁りなつかし」という狂歌でその鬱憤を晴らしています。

また、現代の感覚でいえば、田沼意次は決して悪政を敷いていたわけではありません。たとえば田沼は、米の増産のために印旛沼の干拓を進めています。あるいはロシア船が通商を求めて蝦夷地に来たときには、重商主義的に日本の経済を活性化させる必要があるとして開国も視野に入れていました。

ロシアが最初の使節としてラクスマンを派遣したのは、定信が改革を進めている寛政四年（一七九二）でした。定信は長崎への入港許可証（信牌《しんぱい》）を与えましたが、江戸湾防衛を強化しています。翌年、ロシア船が来航しなかったため、通商を結ぶことはありませんでした。

また、渋沢はすでにお話ししたように、徳川慶喜に仕えた幕臣でした。やはり、そうした潜在的な血筋があるために、定信を実際以上に評価するところがあるのかもしれません。

もう一つ言えば、維新政府においても、徳川家が大きな力を持っていたということもあります。急ごしらえの政党政治がうまく機能していた理由には、徳川一六代の徳川家達《いえさと》がいたことが挙げられます。

というのも、軍部も財界も元老も、貴族院議長の家達には一目置いていたからです。そして、家達を指導したのは、元津山藩八代目藩主の松平斉民。十一代将軍徳川家斉の一五男として生まれ、津山藩主の養子になった人です。そして前述のように明治一一年（一八七八）、あの伝聞による家康の遺訓を「東照宮御遺訓」として流布させたのもこの人でした。

余談ですが、斉民は天璋院（十三代将軍家定の御台所篤姫）と強い絆で結ばれ、二〇歳ほど年下の彼女が死去したときは、「御姿を仰ぐも悲しぬかつけは　落るなみたに雪もきえつつ」という歌を詠んでいます。

渋沢がこうした徳川の伝統を象徴する定信のひいきになるのは当然でしょう。

時代の変化に伴って渋沢が再び見直されているように、松平定信もまた見直してみるべきときなのかもしれません。

瓦解していくものに対して、なんとかそれを食い止めるための最適解を求めていく必要があるからです。

人格の標準は如何

人が万物の霊長と名乗れるかどうかは、いかに世に尽くしたかによって決まる

人はよく、自らを「万物の霊長」と呼んで他の動物と区別します。しかし渋沢は、上を見ても下を見ても際限なく差の出る人類のうち、**「如何なる者を人というか、まずそれを定めてかからねばなるまい」**としています。

赤ん坊を人と接触させないまま置くと、人間らしさがまったく身につきません。そのような人の形をしているだけで獣と変わらない人間を「万物の霊長」と呼べるかどうか、それは否だと言います。

「人の禽獣《きんじゅう》に異なる所は、徳を修め、智を啓《ひら》き、世に有益なる貢献をなし得る

に至って、初めてそれが真人《しんじん》と認めらるるのである。……万物の霊長たる能力ある者についてのみ、初めて人たるの真価ありと言いたいのである」

こう述べた後、渋沢の考え方はさらに進み、過去の偉人と呼ばれる人々を比較検討して、その判定の難しさを述べています。

たとえば、中国の文王や武王は、道徳の高い王と評価され、富貴も得ている一方、孔子や孟子のような人は聖人として崇められているが富貴は得られなかったとし、富貴で評価するなら劣等生だと言っています。そして、富をもって人を評価するのは困難であるとしています。

「そのよる所を観て、しかして後その人の行為が世道人心《せどうじんしん》に如何なる効果ありしかを察せざれば、これを評定することはできぬと思う」

渋沢はさらに、日本における二組のライバル、藤原時平と菅原道真、楠木正成と足利尊氏を例に挙げて論じています。

「時平も尊氏と共に富においては成功者であった。しかし今日から見れば、時平の名は道真の誠忠を顕す対象としてのみ評さるるに過ぎない。これに反して道真の名は、児童走卒《そうそつ》といえども、なおよくこれを記憶している。……尊氏、正成二氏について見るも同様である」
「真に人を評論せんとならば、その富貴功名に属する、いわゆる成敗を第二に置き、よくその人の世に尽くしたる精神と効果とによって、すべきものである」

私が思うに、渋沢は、娘たちを朝廷に送り込んで外祖父として君臨しようとした藤原氏を嫌ったために、道真びいきになったのではないでしょうか。あるいは、多くの日本人のように負け犬に対する判官《ほうがん》びいきの面も否めません。

というのも、菅原道真には、それほど世に尽くしたという業績が見られないからです。代表作の「東風吹かばにほいおこせよ梅の花　主なしとて春な忘れそ」も、私にはそれほど優れた歌とは思えません。

唯一功績といえるものがあるとすれば、遣唐使を廃止したことでしょう。中国によらない独自路線を提唱したことで、日本独自の文化が花を開いたからです。

また、権力志向の強かった藤原氏ですが、時平は最近、革新的な政治家だったという評価が定着しつつあります。人の評価はときとともに変化するもののようです。

そういう意味で、渋沢の言うように、どういう人を人と呼ぶにふさわしいかの判断は難しいものです。

楠木正成に対する思いも同様であり、天皇に忠実だったとされる正成と刃向かったとされる尊氏を比べれば、明治人の心情としては正成びいきになるのも無理からぬことではあったでしょう。

二宮尊徳と西郷隆盛

知らないことを知らないと言える人物は大物である

この項で渋沢が言いたかったことは、西郷隆盛の度量の大きさだったようです。

その根拠は、参議というトップクラスの役職にある西郷が、自分のような一介の役人の家を訪ね、二宮尊徳が相馬藩のためにつくった地域保護・開発のための「興国安民法」（報徳仕法）について、内容を知らないまま頼みごとをしてきたと考えたところにありました。

この法について政府筋では、廃止しようとの議があったのです。相馬藩はこれを一大事と受け止め、当時参議を務めていた西郷に、廃止にならないようにと訴えました。渋沢が感心したのは、西郷との次のようなやりとりがあったからでした。

せっかくの良法を廃絶させてしまうのも惜しいから、渋沢の力で廃止にならないようにしてほしいという西郷に向かって渋沢は、

「私は西郷公に向かい、『そんなら貴公は、二宮の興国安民法とはどんなものか御承知であるか』と御訊《たず》ねすると、『ソレハ一向に承知せぬ』とのこと」

十分調べてある渋沢は、自信をもってその内容を説明しました。二宮尊徳の法は、過去にさかのぼって出した統計学から、藩の平均歳入額を割り出し、藩費を決定するというものでした。そして、渋沢はさらに次のように述べています。

「国家の小局部なる相馬一藩の興国安民法のためには御奔走あらせらるるが、一国の興国安民法を如何にすべきかについての御賢慮《ごけんりよ》なきは、近頃もってその意を得ぬ次第、本末顚倒の甚だしきものであると、切論いたすと、西郷公はこれに対し、別に何とも言われず……とにかく、維新の豪傑のうちで、知らざるを知らずとして、毫《ごう》も（少しも）虚飾の無かった人物は西郷公で、実に敬仰《けいぎよう》に

堪えぬ次第である」

文章を西郷に対する尊敬の念で終わらせつつ、大西郷の知らないことを説明し、そのあげく自説を「切論」、つまり熱心に説いて、西郷に批判めいたことまで言ってのけたことを、やや自慢げに語っているのが印象的です。

しかしじつは、いろいろな研究資料（たとえば宇津木三郎「西郷隆盛と報徳仕法」『大倉山論集』第四十七輯）にも明らかなように、西郷は渋沢に会う前からこの興国安民法に強い関心を抱き、地元の当事者にも会ってつぶさに知っていたようです。それを知らないと言ったのは、渋沢がどう考えているかを知りたかったからでしょう。

これは西郷独特の対人法で、たとえば、薩摩藩の重役である家老の小松帯刀《たてわき》が初めて西郷を訪ねたとき、寝たふりをしてすぐには応対しなかったという逸話もあります。

また、江戸城受け渡しに立ち会った山岡鉄舟は、「城受け渡しの後、西郷隆盛は農事に関する書物を集めさせていた」という証言をしています。西郷と渋沢は、農事に関する意見が一致していたとするほうが自然でしょう。

西郷は渋沢がこの問題に通暁《つうぎょう》していることを知って、おそらく安心したはずです。批判めいたことを言われて返事をしなかったのは、渋沢であればうまくやってくれるだろうと思ったからに違いありません。

渋沢の語った『青淵回顧録』（青淵回顧録刊行会）によれば、渋沢はもともと、京都で一介の書生だったころから、大西郷を何回も訪問して豚鍋を共食する間柄でした。西郷は、そんな渋沢が維新後に国家財政の基礎を固めようと苦慮しているのをよく知っていたはずです。しかし、渋沢が西郷に「切論」した「国家の小局部でない一国の興国安民法」は、明治政府の工業優先策の前に実現できませんでした。

渋沢の口から西郷の名が出たところで、私はこの二人がたどった皮肉な人生に思いをいたさずにはいられません。

あらためていえば、渋沢は尊王攘夷にかぶれ、討幕のための無謀な作戦に失敗すると、徳川御三家の一つ、水戸藩の出である一橋慶喜に仕えることになりました。そして、慶喜が将軍に就任したために成り行きで幕臣に名を連ねます。

ですから渋沢は、朝敵であり逆臣の汚名を着せられて維新を迎えました。しかしそんな渋沢が、明治政府にとっては日本近代化への最大の功労者になりました。

一方の西郷は、討幕軍の総大将であり、明治維新をつくった最大の功労者です。にもかかわらず、政府を追われ逆賊の汚名を着せられ、西南戦争で命を落としてしまいました。

つまり、前者は「慶応の賊臣にして明治の功臣」、後者は「慶応の功臣にして明治の賊臣」と、二人は正反対の人生を歩むことになったのです。

この二人の違いはどこから生まれたのか。私は、その象徴が、西郷の弟・従道がつぶやいたという「兄貴も一度は西欧を見ればよかったのに」という言葉だったと思っています。

渋沢は、パリ万博に行ったことで近代化が進んだ西欧に衝撃を受け、経済発展させることを何よりも優先させなければならないと悟ったはずです。

それに対して西郷は、国力増進優先を唱える大久保利通らに反論し、朝鮮半島に開国を迫ることが先決だと主張しました。

はっきりとした資料が残っているわけではありませんが、西郷の頭には、中国と朝鮮と三国同盟を結び列強に対抗しようという意図があったのかもしれません。

そんな西郷を渋沢が先ほどの言葉のように「敬仰」していたことは、『青淵回顧録』を見ればよくわかります。渋沢は西郷を「寛仁大度《かんじんたいど》の大西郷」と書いています。「寛仁大度」とは、「心が広くて情け深く、度量の大きいこと」ですから、最大級の褒め言葉です。

修養は理論ではない

実際と学理の調和こそが国を興隆させる

前に述べたように、宋は学理のみで実際が伴わなかったために国が滅びたと渋沢は言っています。そして、徳川家康は同じ朱子学を採用しながらも実際との調和を図ったから成功したとしています。

前にご紹介した「神君遺訓」の多くは、論語の中の警句から成立しているとも語っています。

「日本においては、その空理空文の死学であった宋朝の儒教を利用したため、かえって実学の効験を発揮したのである」

「当時、殺伐の人心を慰安して、よく三百年の太平を致した所以のものは、蓋《けだ》し学問の活用、すなわち実際と理論とを調和して、極めて審捺ならしめたるによることと思うのである」

実際と学理の調和に関しては、論語を学ぶことが当たり前だった江戸時代では、どこの地方でも教えられてきたことです。前出の『日新公いろは歌』の「いにしへの道を聞きても唱へても　わが行ひにせずばかひなし」という歌がそれにあたるでしょう。

しかし、時代が進むにつれてこの調和は乱れ、田沼意次のような人物が現われ国が乱れたが、それを救ったのが松平定信であるというのが渋沢の主張です。私には、田沼意次と松平定信、どちらも時代の要請に応じて登場してきたように思えます。

田沼意次は、前にも述べたように、重商主義を進めようとしました。これはおそらく時代に合っていたのでしょう。鎖国により世界に立ち遅れていたからです。

歴史に「もし」は禁物と言いますが、もしこのとき田沼の政策が推進されていたならば、明治維新を待つまでもなく列強の仲間入りをしていたかもしれません。

その一方で、絶対主義政権が確立していた可能性も否めないでしょう。また、重商主義により、やがて賄賂や不正が横行することになるのも世の常です。

それに対して松平定信は、家康の時代に戻って幕藩体制を維持させようとしました。禁裏（皇室）への援助や、儀式や典礼を重んじることなどを進めました。

これは、世界の潮流からすれば時代錯誤だったかもしれませんが、幕藩体制を立て直し、七〇年間延長させたことも事実です。

そして、田沼時代と似た状況にある今、前に述べたように、松平定信を再評価すべきときなのかもしれません。渋沢は明治維新から数十年経ったとき、同じ危機感を持ったようです。私たちも傾聴すべきでしょう。

「翻《ひるがえ》って帝国は如何といえば、いまだ決して充分なる調和を得ておるということはできない。のみならず、ややともすれば離隔《りかく》せんとする傾向さえ見える。これを思えば、実に国家の将来が案じられるのである」

「……精神的方面に力を注ぐとともに、智識の発達に勉めねばならぬ。しかして修養が、単に自分一個のためのみでなく、一邑一郷《いちゆう》、大にしては国運の興隆に貢献するのでなければならぬ」

すべからくその原因を究むべし

どんな死に方をしたかということよりも、どんな生き方をしたかのほうが大事

日露戦争において旅順戦の指揮を執った乃木希典《まれすけ》は、明治天皇の崩御に際して殉死しました。このニュースは日本国民に大きな衝撃を与えました。

乃木の行動に対する評価も、非難するものあり、乃木大将でなければできないことだから真似をしてはならないという論調ありという状態でした。しかし、大部分の国民は、「天晴《あっぱれ》の最期」と称賛したようです。

渋沢もまた、この大部分の見方と同様の感慨を持ち、この事件が社会に与えた影響がいかに大きかったかに言及しています。しかしその一方で、乃木への評価がこの殉死をどう捉えるかということのみに偏っていることに疑問を呈しています。

「乃木大将が末期《まつご》における教訓が尊いというよりは、むしろ生前の行為こそ真に崇敬すべきものありと思う。……その一死が青天の霹靂《へきれき》のごとく、世間に厳しい感想を与えたのである」

つまり、生前のすばらしい生き方があればこそ、その死に対する衝撃も大きかったと渋沢は言っているのです。そして、乃木希典の生前を縷々《るる》語り続けています。

「軍人としては事毎に長上《ちようじよう》の命令に服従して、……同時に、事の是非善悪についての議論には、いささかも権勢に屈せぬという……君子の風ありて、あるいは諧謔《かいぎやく》をもって、あるいは温乎《おんこ》たる言動をもって、人を懐《なつ》けられ……」

「……独り武ばかりを誇りとする人に非ずして、文雅にも富まれている。如何に忠誠の人でもただ武骨一片で、花を見ても面白くない、月を見ても感じもない、という人は困る。『強いばかりが武夫《もののふ》か』……」

と、過去の武将たちを挙げて、彼らが和歌を詠んだ話を紹介しています。ちなみに、ここに登場する薩摩守忠度《さつまのかみただのり》が討死のとき懐中に入れていた歌は「行きくれて木の下かげを宿とせば　花やこよひの主ならまし」であり、八幡太郎義家《はちまんたろうよしいえ》が勿来関《なこそのせき》で詠んだ歌は「吹く風をなこその関と思へども　道もせに散る山桜かな」です。

さらに渋沢は、乃木を離れて一般論としても、青年たちが結果だけを見て人を羨むことに警鐘を鳴らしています。富も栄達も、それを得るまでの努力があったからこそ得ることができたのだということです。

「ゆえに私は将軍に対して、殉死その物を軽視するという意味ではないけれども、かくのごとく天下を感動せしめたる所以のものは、……将軍の平生の心事、平生の行状《ぎょうじょう》が、これをしてしからしめたものなりと解釈するのである」

このように、「もののあはれを解する力」を理想の人間像としてつけ加えるのは日本人独特の感覚で、外国語に翻訳できない概念です。この概念は数学者の藤原正彦氏が言うように、幼いころからの教育によって身につくものなのです。

第7章

論語と算盤

「算盤と権利」を読む

孔子は義務を優先させているが、権利思想を持たないわけではない

仁に当たっては師に譲らず

渋沢は、世の人々が論語には権利思想が欠けていると言い、権利思想を持たない人は文明国の人間としてふさわしくないと言っていることに異を唱えました。

まず、キリスト教や仏教との違いを次のように説明します。

「基督《キリスト》や釈迦《しやか》は始めより宗教家として世に立った人であるに反し、孔子は宗教をもって世に臨んだ人でないように思われる。……孔子の在世時代における支那の風習は、何でも義務を先にし、権利を後にする傾向を帯びた時であった」

「されば孔子は権利思想の欠けたる社会に人となり、しかも他人を導く宗教家

として世に立った訳ではないから、その教えの上に権利思想が画然《かくぜん》としておらぬは、已《や》むを得《え》ないのである」

それに対して、キリスト教は預言者が横行した時代に生まれた宗教だから、その教えは命令的で、権利思想も強いと渋沢は言います。

これを現代的な言葉で言い換えれば、契約関係に基づく権利の主張ということでしょう。渋沢はどうやら、このような契約に基づく権利を優先させることに嫌悪感を抱いているようです。

「論語主義はおのれを律する教旨であって、人はかくあれ、かくありたいというように、むしろ消極的に人道を説いたものである」

ここにあるのは、やはり道徳重視論です。とはいえ、論語に権利思想が皆無かといえばそんなことはなく、渋沢は孔子の言葉からその匂いを感じとっています。

「論語にも明らかに権利思想の含まれておることは、孔子が『仁に当たっては師に譲らず』といった一句、これを証して余りあることと思う。道理正しき所に向かっては、飽くまでも自己の主張を通してよい。師は尊敬すべき人であるが、仁に対してはその師にすら譲らなくもよいとの一語中には、権利観念が躍如としているではないか」

また、この項の中で渋沢は、人間の守る道としては孔子の教えがいいと断言しています。**「孔子に対して信頼の程度を高めさせる所は、奇跡が一つもないという点である」**と言っています。

たしかに、渋沢は「修験者の失敗」と題する項で、一五歳のとき、精神的な病に罹った姉のために父親の実家の母親が祈禱師を呼んだことにひどく反感を持ち、相手の矛盾を突いて追い払ったことを記しています。

論語の基本である儒教的合理主義のなせるわざだったといえるでしょう。

金門公園の掛札

アメリカに伍していくには、まだ足りないものがある

慶応三年（一八六七）、パリ万博に参加して約一年間ヨーロッパに滞在した渋沢が、その発展ぶりに衝撃を受けて帰国したことは、すでに述べた通りです。

そんな渋沢が実業界に身を転じ、アメリカへ初めて行ったのは、それから三五年後の明治三五年（一九〇二）のことでした。日本が列強の仲間入りをし始めたころです。しかし渋沢は、アメリカに着いて早々、衝撃的な場面に遭遇することになりました。

「ただ一つ大いに私の心を刺戟《しげき》したのは、金門公園の水泳場へ行った時に、その水泳場の掛札に『日本人泳ぐべからず』ということが書いてあった」

これは、かねてよりアメリカに注目し、外交もうまくいっていて、アメリカに対する好感度を高めていた渋沢にとってさぞショッキングな光景だったことでしょう。

しかも、領事にその理由を聞けば、アメリカに移住した日本の若者たちが、ここで泳いでいるアメリカ人女性の足を引っ張るという悪戯をしたからだといいます。それを聞いた渋沢は、その言い分をもっともだと思いつつ、やはりそこに差別意識を感じたようです。

「『……とにかく差別的の待遇を受けるということは、日本として心苦しい話だ。こういうことが段々増長して行くと、終《つい》には両国の間に如何なる憂うべきことが生ずるかも知れぬ。……領事に職を奉ずる人は、充分御注意をして欲しいものだ』と言って別れた」

日本の領事にそう注意を与えて後、アメリカの都市を回り、ワシントンへ行った渋沢は、ルーズベルト大統領に面会しました。そこで渋沢は、ルーズベルトが日本の軍隊の規律正しさと日本独特の美術を称賛してくれたことに謝意を示しつつ、物足りなさを感じました。

「私はこの時に、『……次回に私が閣下にお目に掛かる時には、日本の商工業に対して御賞讃のお言葉のあるように、不肖ながら私は国民を率いて努めるつもりである』と答えた」

ルーズベルトはこれに対して、決して日本の商工業を軽蔑したのではないとしきりに言ったそうです。しかし、渋沢には心に期するものがあったのか、次のように話を締めくくっています。

「『……私は商工業が第三の日本の長所たるようになりたいと、頻《しき》りに苦心しておるのである』と言って、胸襟《きょうきん》を披《ひら》いて談話したことがある」

このような体験をしながら、それでも渋沢のアメリカ訪問は、総じてプラス面の多い旅だったようです。

『論語と算盤』から想起されるように、当時、功成り名を遂げて富裕になった渋沢の社会事業家としての顔を頼りに、たくさんの支援要請が殺到したはずです。

しかし、渋沢はそうした人々を厳しく峻別しました。彼が支援する場合、その根底には自立を助けるという考え方があったからです。

ですから、志のある人間か、勝算あっての起業なのかをしっかりと見極めた上での支援しかしなかったといわれます。彼の社会事業には、このように単なる物乞いのような支援要請は拒絶する面があったのです。

おそらく、ルーズベルト大統領に宣言したように「商工業を第三の日本の長所」にすべきという志を遂げようとしたのでしょう。

つまり、財界が国をつくるということで万国対峙というようなスローガンは、当時の明治人に共通していたのです。

そういう意味では、サミュエル・スマイルズ『西国立志編』（中村正直訳、講談社学術文庫）にある自助論に通じるものがあります。これは、「天は自ら助くるものを助ける」という考え方です。

それは、たとえば発展途上国に対する支援の仕方にも通じるものがあります。相手国の自立を助けるための支援でなければ意味がないのです。

しかし、現在の日本では、政権が国民に対して施政方針で「自助・共助・公助」の社会づくりを示しましたが、経済格差が拡がった現状で「自助」を強調するのには、違和感があります。

ただ王道あるのみ

資本家と労働者の双方に王道があれば、法律は無用の用になる

年号が明治から大正に変わり、大正デモクラシーと呼ばれる民主化運動も盛んになっていくころ、全国水平社や日本農民組合、共産党などが結成されました。

とくに全国水平社結成は、人間の平等をうたった部落解放運動の出発点になり、日本初の人権宣言と呼ばれています。

こうした団体が組織されたことの背景にあるのは、労働運動の盛り上がりでしょう。渋沢は、こうした動きに警戒心を持ったようで、かえって経営者と従業員の心が離反しはすまいかと心配しています。

「社会問題とか労働問題等のごときは、単に法律の力ばかりをもって解決されるものではない。例えば一家族内にても、父子、兄弟、眷属《けんぞく》に至るまで各々、権利義務を主張して、一も二も法律の裁断を仰がんとすれば、人情は自ずから険悪となり……一家の和合団欒《だんらん》はほとんど望まれぬこととなるであろう」

この原則は、資本家と労働者との間でも同様であると渋沢は言います。つまり、労働者と資本家が契約で結ばれた関係をつくるのではなく、家族的な経営をよしとしているのでしょう。

「もしそれ富豪も貧民も王道をもって立ち、王道はすなわち人間行為の定規であるという考えをもって世に処すならば、百の法文、千の規則あるよりも遥かに勝《まさ》ったことと思う」

さらに、人の能力には差があるものだから、貧富の差が出て当然と述べ、常にその関係を円満にし、調和を図ることが識者の役割であるとしています。

「ゆえに禍《わざわい》を未萌《みほう》に防ぐの手段に出で、宜《よろ》しく王道の振興に意を致されんことを切望する次第である」

渋沢は、このように「王道」という言葉を繰り返し、王道をもってすれば、何事も円満に解決すると述べています。

これは言い換えれば、社長が人格者であればその企業はうまくいくということであって、朱子学の典型的な影響を受けています。

しかも、グローバル経済社会が現出した今の時代に、こうした王道経済が通用するでしょうか。契約社会が当たり前の欧米、王道をわきまえているとは思えない中国の指導者、これらの状況を考えると、王道ではやっていけない気がします。

渋沢的考えを実現させるには、王道とか道徳とかという言葉を人権に置き換えることが必要なのではないでしょうか。渋沢も、論語には権利思想があると言っています。

ちなみに、渋沢を褒めたたえたドラッカーは、「責任」という言葉を使って、資本家の役割を示唆しています。

競争の善意と悪意

資本主義に競争はつきものだが、許されるのは善の競争のみ

渋沢の使命はもちろん、日本社会に資本主義を根づかせることでした。そのことは渋沢自身が十分自覚していたに違いありません。労働運動に反論したり王道を説いたりしていても、資本主義の原則である競争原理は認めていました。

「道徳というものは世の中の人道であるから、単に商業家にのみ望むべきものでない。……商売上ことに輸出営業などについて注意を望むのは、競争に属する道徳である。……競うということが必要であって、競うから励みが生ずるのである」

ただし、と渋沢は、競争には善意と悪意の二種類があると言います。

「競争の性質が善でなかった場合は、おのれ自身には事によりて、利益ある場合もあろうけれども、多くは人を妨げるのみならず、おのれ自身にも損失を受くる。単に自他の関係のみに止まらずして、その弊害やほとんど国家にまで及ぶ」

これは、悪い競争をしていれば、日本人はあくどい商売をするという評判が立ち、軽蔑されて商売がうまくいかなくなる、したがって国家が損失するという意味です。

「何業にかかわらず、自己の商売に勉強は飽くまでせねばならぬ。また注意も飽くまでせねばならぬ。進歩は飽くまでせねばならぬのであるが、それと同時に悪競争をしてはならぬということを、強く深く心に留めておかねばならぬのである」

ここで言っている「勉強」「注意」「進歩」はもちろん、資本主義経済社会において勝つために不可欠なものとして渋沢が挙げたものです。

資本主義とはいかなる性格を持っているものなのか、それをあらためて考えてみると、アダム・スミスが安永五年（一七七六）に刊行した『国富論』が思い浮かびます。

二〇二〇年の元日に、日本経済新聞が「資本主義」と題する記事で取り上げているので、そこから引用してみましょう。

「モノやサービスの生産手段（資本）を持つ資本家が労働者を雇って商品をつくり、稼いだ利益を投資に回して成長につなげる経済システム。……

資本主義を支える土台には、自由に競争できる市場がある。英経済学者のアダム・スミスが一七七六年に刊行した『国富論』で、『自由な競争が経済全体の成長を促す』と説いたことが理論的な支えになった」（『日本経済新聞』二〇二〇年一月一日）

新聞ではさらに、資本主義の要素として次の四項目を挙げています。

①土地などの私的所有権＝個人や法人が、財産を所有、売買できる権利です。
②自由な市場取引＝財産を自由に売買できる環境です。
③株式会社制度や金融の発展＝外部の資本を生かし、事業リスクを分散して資本の蓄積を図ります。
④労働市場＝財・サービスの生産に欠かせない労働力を提供する労働者の存在です。

アダム・スミスは自由な競争を勧めていますが、資本主義にはメリットがある反面、デメリットも否定できません。

【メリット】
①自由競争による商品の品質向上と多様性の向上
②市場価格の自動調整機能＝アダム・スミスはこれを「見えざる手」と呼び、市場が需要と供給のバランスをとると言いました。
③資本所有に対するモチベーション

【デメリット】

①貧富の差の拡大
②環境問題

これらのメリットとデメリットを踏まえて考えてみると、資本主義は今、曲がり角に来ているように思えます。次に挙げるように、多くの人々がそれを指摘しています。

・経済学者の伊東光晴氏は著書『日本経済を問う』(岩波書店)などで資本主義の崩壊を説いています。
・経済学者の中谷巌氏は『資本主義はなぜ自壊したのか』という本を著しました。
・フランスの経済学者、トマ・ピケティ氏が『21世紀の資本』(みすず書房)で、格差問題を問うたことはよく知られているところです。
・地域エコノミストの藻谷浩介氏は、里山のような身近なところから水や食料・燃料を手に入れ続けられるネットワークを用意しておこうという「里山資本主義」を提唱しています。

・ミネソタ大学准教授のルーカス・カラバルブニス氏は、企業の利益のうち労働者の取り分の率が低下し続けていることを指摘し、資本家の取り分の一部を還元すべきであると主張しています（『日本経済新聞』二〇二〇年二月一九日）。
・ウィーン出身の経済史家カール・ポランニー氏は、市場社会は市場価格以外には統制されない経済を目的としたが、そのために崩壊したと指摘しました。

いずれにしても、資本主義が曲がり角に来ている今、渋沢を見直すことに大きな意味があるのは確かでしょう。なぜならば渋沢は、資本主義がファシズムに走ろうというとき、道徳を前面に押し出しているからです。

道徳を人権に置き換えてみると、各国に広がる「自国ファースト」により資本主義が孤立して連帯感が失われている現在、それをつなぐものが人権であろうと思うのです。

今、渋沢が生きていたら、アメリカという大国の大統領が「自国ファースト」を言い出したことを嘆かわしいと思うに違いありません。

第8章

論語と算盤

「実業と士道」を読む

武士道は即ち実業道なり

西洋のビジネスにはない武士道精神で、日本の実業道を極める

第4章でも触れたように、江戸無血開城は、敵味方の対立を超えた話し合いによって成し遂げられました。この話し合いは、勝海舟の要請を受けた山岡鉄舟が敵中突破し、西郷隆盛と面会するところから始まっています。

山岡鉄舟は、西郷が差し出した条件のうち、自分の主君である徳川慶喜に対する処遇だけは一歩も譲歩しませんでした。逆に西郷に対して、もしあなたが自分の主君をこのように蔑ろにされたら、承知できるかと詰め寄ったのです。

西郷は、そんな山岡に敬意を払って、山岡の申し出を承諾したのです。これが武士道というものであり、勝者が敗者を徹底的に撲滅させることが当たり前の外国では考えられな

いことでした。渋沢は、ビジネスにおいては一歩も二歩も先進国であった西洋諸国にはないこのような日本的美風を、日本の商業道で実現したかったのでしょう。

とはいえ、人としての美風をすべて備えることを旨とした武士道は、その名のように、武家階級のみに共通して認識された道徳でした。

しかし、商人の家に生まれ、幕臣となり、さらに実業界に乗り出して成功した渋沢は、武士道精神が商業道にも要求されることを、身を以て理解しました。

「余が甚だ遺憾に思うのは、この日本の清華たる武士道が、古来専ら士人社会のみに行なわれて、殖産功利に身を委《ゆだ》ねたる商業者間に、その気風の甚だ乏しかった一事である」

そのことを孔子の言葉を用いて説いています。

「孔子のいわゆる『富と貴きとは、これ人の欲する所なり。その道をもってせずしてこれを得れば処《お》らざるなり。貧と賤とは、これ人の悪《にく》む所なり。その道

をもってせずして、これを得るも去らざるなり』とは、これ誠に武士道の真髄たる正義、廉直、義侠等に適合するものではあるまいか」

孔子の言葉は「人が富も地位も欲しがるのは構わないが、道徳に反する手段でそれを得たならば、長くその場所にはいられない。貧と賤にしても、人はそうなりたくないと思って当然である。正しいことをせずに貧と賤に沈んだならば、そこから抜け出すことはできない」という意味です。

つまり、武士道に則って商業の道に励めば、結局はうまくいくものだと渋沢は言いたいのでしょう。渋沢は江戸時代中期に懐徳堂という大坂の町人たちの学校があったことは知っていたと思います。ここで厳しく教育されたにもかかわらず、商工業に不正はつきものでした。第7章の「合理的の経営」と題する項で渋沢が慨嘆しているように、

「会社を利用して自己の栄達を計る踏み台にしようとか、利慾を図る機関にしようとかいう考えをもって、重役となる者」

「株式の相場を釣り上げておかぬと都合が悪いと言って、実際は有りもせぬ利

益を有るように見せかけ、株主の眼を瞞着《まんちゃく》しようとする者」

という輩《やから》は、いつの時代にもいるものです。今でもある粉飾決算や背任行為です。渋沢が田沼意次を糾弾して役人を更迭した松平定信を尊敬する所以もここにあるのでしょう。

「日本人は飽くまで、大和魂の権化《ごんげ》たる武士道をもって立たねばならぬ。……この心をもって心とせば、戦争において日本が常に世界の優位を占めつつあるがごとく、商工業においてもまた世界に勇を競うに至らるるのである」

ここで「戦争において優位を占めつつある」とした戦争とは、日清・日露の戦争のことでしょう。渋沢が、「実業道にこそ、武士道を実践しなければならない」と言っているのは、やはり、家康の遺訓が背景にあるに違いありません。

家康の遺訓は、人の一生と武士道と処世訓などがすべて詰まっています。第4章でご紹介した『鉄舟随感録』にもそれが反映され、『論語と算盤』と同じような構成になっています。

欧米のように貪欲でなければ、国の将来は危うい

この項の見出しにある「貪戻《たんれい》」は、人道に外れた貪欲さという意味です。渋沢は第一次世界大戦に対する自分の予想が外れたのは、予想以上に暴虐の人がいたからであると言い訳をしています。そして、自国の勢力を拡大するためにはどうすればいいかについて、

「いずれの国家においても、自国の商工業を発達せしめんとするには、海外にわが国産の販路を求め、人口の増殖するにおいては、領土を拡むることを講ずるのみならず、様々なる策略をもって自己の勢力の増大を図るのである」

と、欧州の列強が優位に立っているのはこうして勢力を広げているからであり、「**優越なる位置を占むるものは、将《とく》に優越なる国家と称せらるるのである**」と述べ、日本もそうありたいと願っているようです。そして、ドイツが挙国一致で富国のために専心していることを模範とすべきだと言っているのです。

「**自国の拡大のみを企図する貪戻心は、実に厭《いと》うべきであるが、官民一致その国の富強を務むるの努力は感服の外はないのである**」

それに対して、日本の商工業が不統一であることを渋沢は危惧し、「**当業者は大いに勇気を起こさねばならぬ**」と鼓舞し、この事変は大いに乗ずべき好機であるとしています。

とくに中国との関係において、日本は欧米列強に負けずに中国に進出して通商上の利益を増加すべきだと言っています。

「**彼らの後《しり》えに瞠若《どうじゃく》たるようではならぬ**」と、びっくりしているだけではだめだと言っているあたり、やはり明治人の中国観が露呈されていると思えてなりません。

ドイツの国策をよしとし、対華二十一カ条の要求を批判しない渋沢ですが、第1章で述べたように、『論語講義』では「独帝が他国侵略のために兵を起したるがごときは君子の争いにあらざるなり」と、やはり時代による判断の揺れが見られるようです。

相愛忠恕の道をもって交わるべし

古代の華々しさが消えた大陸に今一度の光を

論語を奉ずる渋沢にとって、古代中国が憧れの的だったことは想像に難くありません。

「余が史籍を通じて尊敬しおる支那は、……殷《いん》周時代であって、……いわゆる二十一史にて通覧せる所によるとも、……秦《しん》に万里の長城あり、隋《ずい》に煬帝《ようだい》の大運河あり……その規模の宏大なる、到底今日の企て及ぶ所ではない」

これらの華々しい歴史から、想像をたくましくした渋沢は大正三年（一九一四）、大陸に渡りました。しかし、かつての面影をなくした中国の現状に失望します。これが論語を生んだ国なのかと思ったに違いありません。

「国民全般に国家的観念に乏しきとは、支那現今の大欠点なり」と思った渋沢は、**「相愛忠恕の道をもって相交わるにあり」**とばかりに、日中の合弁会社設立を計画しました。その意図は、**「自国の利益を図るはもちろんながら、併せて支那をも利益する方法に出づる」**ことにありました。

中国側の代表として孫文、日本側の代表として渋沢が就任しました。その後、袁世凱が中国側の代表になり、中日実業会社という株式会社になりました。

この会社を興した、渋沢の真の思いがどこにあったのか。シベリア鉄道が延びたことでロシアに対する危機意識があったのかもしれません。あるいはスエズ運河の開通により、グローバル経済の時代をひしひしと予感していたのかもしれません。

手をこまねいてはいられないという焦燥感に急き立てられたのかもしれません。いずれにしても、結果的に日本が中国へ進出する先がけのような役割を果たすことになりました。

その後の日中関係を見れば、渋沢の意図にかかわらず、結果としてこれもまた渋沢の負の部分としなければならないようです。

つまり、渋沢の主張は概ね正しいのですが、その渋沢の思い通りにいかなかった部分があったということでしょう。どこで間違えてしまったのか、それを現代に生きる私たちは反省すべきなのです。

なぜならば、日本には渋沢以外にも志の高い人物が軍部にも政界にもいたからです。第6章で述べたように、徳川家達は政財界や軍部をうまくコーディネイトしていました。武士道は彼らの中に生き続けていたのです。

果たして誰の責任ぞ

国による道徳観の違いを認め、その上で反省すべきは反省する

維新を迎えた日本が、「文化の進歩にともなって向上するはずの商業道徳が衰えた」といわれていることに渋沢は、**「余は今日をもって遥かに昔日に優るものと断言する」**と反論しました。

その一方で、そういう評価をされていることは事実なのであるから、一日も早く物質的文明と道徳を一致させる努力をせねばなるまいと、そうした世評がなされる原因を次のように指摘しました。

渋沢の言い分は、国が違えば、道徳の観念も自ずから異なるというものでした。

「一例を挙ぐれば、『父召せば諾なし、君命じて召せば駕《が》を待たずして行く』とは、すなわち、日本人が君父に対する道徳観念である」

これは、「父親に呼ばれれば、『わかりました』と返事をする間もなく駆けつける。主君から呼ばれれば、馬車に馬をつなぐのも待たずに駆けつける」という意味です。『孟子』「公孫丑《こうそんちゅう》」の章句ですが、渋沢はこれを日本人の道徳に引き寄せて、日本では個人同士の約束よりも君父の命令のほうが大事だと言っています。

「日本人は、忠君愛国の念に富んだ国民であると称揚さるるかたわらから、個人間の約束を尊重せぬとの誹謗《ひぼう》を受くるのも、要するにその国固有の習慣性がしからしめたので、われと彼では、その重んずる所のものに差異がある」

このように、日本人の道徳観を指摘し、道徳観が劣っていると言われるのは心外であるとしました。しかし、そうは言っても、その言い訳が通らない場合もあるのだから、そうした評価が下されていることには留意すべきというのが渋沢の結論です。

たしかに、日本が「約束を守る」ことを重要視する国民性を持つ国であることは事実です。ただし、渋沢の言うように、君臣（現代であれば上役）に従うという「上意下達」の面があることも否めないのです。

功利学の弊を芟除すべし

上の人間にのみ責任を求めず、下の人間にも自覚を促すほうがいい

この項のタイトルにある芟除《せんじょ》とは、前にも述べた通り「刈り取って除く」という意味です。何を除くべきと渋沢は言ったのか。

「利を増し産を興すに覿面《てきめん》の効果ある科学的智識、すなわち功利の学説である。富貴は人類の性慾とも称すべきではあるが、初めより道義的観念の欠乏せる者に向かって、教うるに功利の学説をもってし、薪《たきぎ》に油を注いでその性慾を煽《あお》るにおいては、その結果は蓋《けだ》し知るべしではないか」

ここで渋沢が「道義的観念の欠乏せる者」と言っているのは、農商工業に従事する庶民のことです。そして、庶民に道徳的観念がない原因は、朱子学にあるとしています。

「農工商の生産界は、道徳の天則外に放置せらるるとともに、おのれまた自ら、道義に束縛せらるるの必要なしと感ずるに至った。……道徳仁義は治者のなすべきこと、百姓は政府より預かりたる田畑を耕し、町人は算盤の目をせせってさえいれば、能事《のうじ》了《おわ》るという考えが、習い性をなして国家を愛するとか、道徳を重んずるとかいう観念は、全く欠乏したのである」

朱子学の説くように「道徳仁義は治者のなすべきこと」と、上に立つ人間にのみ道徳仁義を求めるのは、一見彼らの責任の重さを説いているようですが、「百姓は政府より預かりたる田畑を耕し、町人は算盤の目をせせってさえいれば、能事《のうじ》了《おわ》る」というのは、あまりにも庶民を侮り、低く見すぎです。

どんなに自分で努力をして富貴を得たとしても、それが庶民には道徳仁義は必要なしとばかりに、自分の利益のみを追求した結果であるならば、それはとんでもない間違った所業であるというのです。

渋沢は、このような状況は国家の信用に関わるとして、こう述べています。

「わが商業家のすべてをして、信は万事の本《もと》にして、一信よく万事に敵するの力あることを理解せしめ、もって経済界の根幹を堅固にするは、緊要中の緊要事である」

今の時代でいえば、「マネーゲームに走る」行為ということになるでしょうか。

たしかに、法に照らして違法ではないけれど、人々の眉をひそめさせるような「マネーゲーム」に走る人々がいます。かつて「お金を儲けて何が悪いのですか」とうそぶいた人もいます。

そして現代にも、渋沢が言う**「この種の人物を成功者として尊敬し羨望《せんぼう》し、青年後進の徒もまたこれを目標として」**という人が多くいることも確かです。

ですから、マネーゲームに熱中する人、そしてそうしたリッチマンに憧れる人もまた、渋沢の言葉に耳を傾けるべきではないでしょうか。

さらに、渋沢が「教育と情誼《じょうぎ》」（第9章）で触れているように、江戸時代中期には心学という庶民のための道徳教育が全国に普及していたことも銘記すべきでしょう。

第9章

論語と算盤

「教育と情誼」を読む

孝は強うべきものにあらず

孝行は親がさせてくれるもの。子がするものではない

親がわが子についての悩みを話すとき、「親の言うことを少しも聞いてくれません」が定番のセリフになっているようです。しかし、教育に携わるプロに言わせると「親の言うことを聞く」とは、決して親の言いなりになることではありません。

親の言うことを聞くとは、親の言っていることに耳を傾けることです。その結果、親の言う通りにするかしないかは、子どもの判断なのです。

渋沢もまたそうあるべきと思っていたようで、次のように述べています。

「自分の思う通りにならぬ子を、すべて不孝の子だと思わば、それは大なる間

違いで、皆よく親を養うというだけならば、犬や馬のごとき獣類といえども、なお且つこれをよくする。人の子としての孝道は、かく簡単なるものではあるまい。……親をよく養うようなことをせぬ子だからとて、それは必ずしも不孝の子でない」

渋沢がこのような考え方をするようになったのは、父親の自分への接し方にありました。渋沢は子どものころから親の家業を手伝い、商売の能力を発揮していたのですが、野心満々のところがあり、家業を継ぐよりも優先させていることがあったのです。そして渋沢の父親は、無理に家業を継がせようとはせず、彼の自由意思に任せていました。

「父は私に向かい、『……どうも其許《そこもと》は私と違った所がある。読書をさしてもよく読み、また何事にも悧発《りはつ》である。……永遠までも其許を手許に留め置いて、私の通りにしたいのであるが、それではかえって其許を不孝の子にしてしまうから、……其許の思うままにさせることにした』と申されたことがある」

渋沢は、もし父親が自分に無理強いをしたならば、反抗して不孝の子になってしまったかもしれないと述懐し、不孝の子にならずに済んだのは父親のおかげであるとしています。

「孝行は親がさしてくれて、初めて子ができるもので、子が孝をするのではなく、親が子に孝をさせるのである」

渋沢は、この父親を見習って、自分の子に対しても無理強いするようなことは言いませんでした。父親と自分との関係とは逆に、どちらかといえば自分より劣る子どもたちでしたが、決して「自分のようになれ」と言わなかったそうです。

たしかに、不登校の子どもたちのための塾を主宰している方々は異口同音に「不登校になったのは、親があれこれ要求するからだ」と言います。

つまり、親の跡を継いで医者になれとか、一流大学を出て一流会社に入社しろなどと言うから、子どもは学校に行けなくなってしまうのだというのです。

ちなみに渋沢の子孫には、財界や文化界などで活躍している人が大勢います。

現代教育の得失

教育に今昔の感あり。昔は師弟の交わりが濃かった

いつの時代でも、年配者は「自分の若いころは……」と言い、「それに比べていまどきの若者は……」と言いたがるものです。渋沢栄一も「いずれが優りいずれが劣っているということは、一口には言い現せない」と言いつつ、こう述べています。

「昔の青年は良師を選ぶということに非常に苦心したもので……しかるに、現代青年の師弟関係は、全く乱れてしまって、美《うるわ》しい師弟の情誼《じょうぎ》に乏しいのは寒心の至りである。今の青年は自分の師匠を尊敬しておらぬ。……同時に教師もまた、その師弟を愛しておらぬという嫌いもあるのである」

この項の最初に言ったように、時代を問わず、こうした意見や主張はあるものです。教師の立場から言わせていただければ、子弟は師を尊敬するどころか批判の目を向けることもあります。そういうわけで、学生が教師の勤務評定をする大学も増えています。そうなると、渋沢の言う通りのことが起こることもしばしばです。

「その教師を観ること、あたかも落語師か講談師かのごとく、講義が下手だとか、解釈が拙劣《せつれつ》であるとか、生徒として有るまじきことを口にしている」

つまり、タレントなみの面白い授業をする教師が高評価を受け、口下手な教師は評価が低いということになるのです。芸能人の人気投票のようなことが現実に起こっているということです。もっとも、講義が下手な上、学識もない教師が増えていることも現実です。モンスターペアレントが問題視されていますが、そういう親が出てくるのも無理はないのかもしれません。

また、渋沢は論語の**「古《いにしえ》の学者はおのれがためにし、今の学者は人のために**

す」という言葉を引いて、次のような意見も吐露しています。

ここで言う「おのれがため」とは利己的ということではなく、自分の目的のためということであり、「人のため」とは人の役に立つという意味ではなく、自分の意思・目的がなく、人の言いなりになっている勉強態度のことでしょう。

「（この言葉は）移してもって、今の時代に当て嵌《は》めることができる。今の青年はただ学問のために、学問をしているのである」

「……実際社会に出てから、われは何の為に学びしやというがごとき疑惑に、襲われる青年が往々にしてある。……分不相応の学問をする結果、後悔するがごときことがあるのである。……将来は如何なる専門学科を修むべきかという、確然たる目的を定むることが必要である」

私も入学してくる学生たちを見て、同じことを考えることがしばしばあります。何を学びたいのか、それがわかって入学してくる学生があまりにも少ないからです。

「猫も杓子も分不相応の学問をする必要はない。目的のはっきりしない学問より、社会に出てすぐ役立つ専門的な技能を身につけたほうがいい学生もいる」と言うと、現代においては顰蹙を買うことになるかもしれませんが、こうした意見にも、私は耳を傾ける必要があると思っています。

渋沢はさらに、次々項の「その罪果たしていずれにありや」でも、古代中国や江戸時代に思いを馳せています。

「孔子が主として子弟を導いた有様は、誠に、師たり弟子たる間柄がごく善いと思う。かくのごとき有様を今日求める訳には往かぬけれども、徳川時代においても、子弟間の感化力は強かった」

そして、今の時代を嘆き、師弟双方にその責任があるとして、師弟の情愛を取り戻すことを切望しています。現代の私たちにとっても耳の痛い話です。

私の奉職している志學館学園は、明治四〇年（一九〇七）以来、「時代に即応した堅実にして有為な人間の育成」を建学の精神にしています。私は今こそこの精神を受け継ぐべきときだと思っています。

偉人とその母

女性教育を怠ると、国家の損失を招く

孟子の母が、子どもの教育環境を整えるために三回も引っ越したという逸話があります。それを「孟母三遷」といいますが、この逸話に代表されるように、偉人の母は常に賢いものとされています。

渋沢は、ワシントン、楠木正行《まさつら》（正成の子）、中江藤樹、伊藤博文、桂小五郎らを挙げて、それぞれ母親は偉かったとしています。

その上で、だからこそ女子教育は必要であると説き、また、その必要性は単に賢母になるためだけではないといいます。そして、明治時代以前の教育は、貞操や従順や忍耐などを教えたが、知恵や学問の智識は教えなかったと批判しています。

「今日の社会に婦人教育が盛んであるとはいっても、なおいまだ充分その効果を社会に認識せしむるには至らぬ。いわば女子教育の過渡期であるから、その道に携わる者はその可否をよく論断し、講究しなくてはならぬではないか。……女子は全く昔日のごとく侮蔑《ぶべつ》視、嘲弄《ちょうろう》視することは出来ないことと考えられる」

さらに渋沢は、中国の先哲の言葉として**「男女室におるは大倫《たいりん》なり」**を引用していますが、これは孟子の言葉です。「室におる」は直接的には結婚のことですが、渋沢はおそらく男女がお互いを認め合って共存することを言いたかったのでしょう。だからでしょう、女性が国民の半分を占めていることをあらためて認識すべきと言っています。「大倫」とは、「正しいことである」という意味ですから、以上のことを踏まえ、教育から女性を排除すべきではないということを言っているのです。

「従来五千万の国民中、二千五百万人しか用をなさなかった者が、さらに二千

五百万人を活用せしめることとなるではないか」

これは当時としては非常に進歩的な発言です。というのも、現代においても女性の社会進出を阻む壁はまだまだ厚いからです。

働く女性がこれほど増えているにもかかわらず、最近の日本で女性管理職が占める割合は約八パーセント、国の掲げる三〇パーセントには程遠いのが現状です。

理論より実際

知育と徳育。実業にはこの両者が必要

明治維新政府の目標は、言うまでもなく「富国強兵」にありました。にわかに導入された教育制度も、進んだ文明を持つ欧米に追いつき追い越せとばかりに、あれもこれもと取り入れるという欲張り感は否めません。

渋沢も、規律服務や命令を重んじる軍事教育については評価したものの、自分の分野である実業教育については、知育偏重になっているとしています。

「単に智識を授けるということにのみ、重きを置き過ぎている。換言すれば、徳育《とくいく》の方面が欠けている。……今一と呼吸《いき》という勇気と努力、それから自覚と

が欠けている。……あれもこれもという有様であるので、その多い科目の修得にのみ逐《お》われて、……人格、常識等の修養に心を注ぐことのできぬのも自然……」

たしかに渋沢の言うように、「**文明の進歩ということは政治、経済、軍事、商工業、学芸等が悉く進んで、そこに初めて見ることができる**」ものでしょう。

そのことは、実業教育を重んじている欧米を見れば明らかであり、日本もそれはわかっているのに、

「**せくがままに、急ぐがままに、理智の一方にのみ傾き、規律であるとか、人格であるとか、徳義であるとかいうことは、毫《ごう》も顧みられない**」

と歎ずべき課題としています。そして、自分の利益ばかり追い求めるあまり、孟子の言う「**上下交《こもご》も利を征《と》りて饜《あ》かず、国危し**」という状態にならないようにと戒めています。

また、軍事教育には必要ないが、実業界独特の尊ぶべきことがあり、それは「自由」だと言っています。自由な発想で、自分の責任において切り開いていかなければいけないということでしょう。

「実業の方では、……とかく好機を逸しやすいので、何事も命令を受けてやるという具合では、一寸《ちょっと》発達ということはむずかしいのである」

現代においても、ひところ「指示待ち族」という言葉が流行ったことがありました。自分で判断することができず、上司の指示を待っている部下を揶揄《やゆ》した言葉ですが、ここでも、渋沢の言葉の重みを感じずにはいられません。傾聴すべきでしょう。

孝らしからぬ孝

親に生きる張り合いを持たせること。それが本当の親孝行

江戸時代中期に、「心学」が普及するようになりました。「心学」とは、石田梅岩《いしだばいがん》が創始したもので、平易な言葉で、神道、儒教、仏教を併せての実践的な道徳を教えました。渋沢は、梅岩の弟子である中沢道二《どうに》の書いた『道二翁道話《おうどうわ》』から、孝行に関する物語を紹介しています。

その中に、近江と信濃に住む二人の孝行息子が登場します。

近江の孝行息子は、そう呼ばれることを怖れ、信濃にもう一人、評判の孝行息子がいると聞いたとき、最善の孝行を知りたいと思ってはるばる信濃まで出かけました。

昼過ぎに到着すると、信濃の孝行息子は仕事で不在、年老いた母親が留守番をしていま

す。やがて、息子が薪を一杯背負って帰宅したので、その孝行ぶりを見ようと観察したのですが、息子は母親に孝行らしきことを一向にしません。

「……荷物が重くて仕様がないから、手伝って卸してくれろと、老母に手伝わしている模様である。……今度は足が泥で汚れてるから、浄水《すすぎ》を持って来てくれの、やれ足を拭《ぬぐ》うてくれのと……しかるに老母は如何にも悦ばしそうに嬉々として、……よく倅《せがれ》の世話をしてやる……今度はまたあろうことか有るまいことか、足を伸ばして、大分疲れたから揉んでくれと……」

さらに信濃の息子が食事の給仕をさせたり、味に文句をつけたりする様子に、呆れた近江の息子がそれを咎めると、信濃の息子は次のように答えました。

「孝行をしようとしての孝行は、真実の孝行とは言われぬ。……親切に優しくして下さるので、その親切を無にせぬようにと、足を伸ばして揉んで貰い……」

それを聞いた近江の孝行息子は、**「孝の大本は何事にも強いて無理をせず、自然のままに任せたる所にある」**ことに気づき、自分のいたらなさを知ったのです。

たしかにその通りであって、親に限らず、人は誰かの役に立っていると思えることに生きがいを感じるものなのでしょう。

人物過剰の一大原因

博士か大臣になることだけが人生の目的であってはならない

戦後の復興が目覚ましい昭和三九年（一九六四）に東京オリンピックが開催されましたが、その前年、『末は博士か大臣か』という映画が公開されました。

映画の内容は作家・菊池寛の立志伝ですが、そこに描かれた時代は明治の末、ちょうど渋沢が事業家としての集大成を迎えたころに一致しています。

渋沢はこの項で、人材過多の弊害について語っています。おそらく、誰もが博士か大臣のような出世を目指すことには無理があると言いたかったのでしょう。人間にも、経済界と同じように需要と供給の原則があるということです。

「人物は年々歳々《ねんねんさいさい》たくさんの学校で養成するから、いまだ完全に発達せぬわが実業界には、とてもそれらの人々を満足させるように使い切ることは不可能である。ことに今日の時代は、高等教育を受けた人物の供給が、過多になっておる傾きが見える」

「要するに、社会は千篇一律のものではない。したがって、これに要する人物には、いろいろの種類が必要で、……人を使役《しえき》する側の人は少数なるに反し、人に使役される人は無限の需要がある」

渋沢はこのように語ってから、寺子屋時代の教育は、こうした十把一絡げの画一的な教育ではなかったとしています。

「それによって養成された人物は、決して同一類型の人物ばかりではなかった。……学生は各々その長ずる所に向かって進み、十人十色の人物となって現れたのであった」

「その精神を穿き違えているために、学生は自己の才不才、適不適をも弁《わきま》えず……」

さらに欧米では、このような画一教育をしないから、ある分野で人材過剰、ある分野で不足ということが起きにくいことを指摘しています。

たしかに、欧米では昔から、一流の職人は「マイスター」と呼ばれて尊敬を集めていました。日本でも、江戸の昔は「職人芸」は珍重されていたものです。

そこにはやはり、渋沢も取り上げている「心学」の影響があると思われます。心学は、朱子学のように、士農工商を上下の身分関係ではなく、単なる職分の違いと捉え、人間の尊厳を説いているのです。

つまり、士には士の、農には農の、工には工の、商には商の道徳があって、その職分を果たすために稼業に邁進《まいしん》すれば、それが社会のためになっているという考え方です。

私はかつて、NHK大河ドラマ『篤姫』の時代考証をしたとき、篤姫の母親の言葉にそれを取り入れたことがあります。農民が飢え死にしそうになっていることに心を痛めた篤姫が、自分の身分に疑問を持ち、ご飯を食べることができなくなったときです。

「なぜ自分はご飯を食べることができるのか」と尋ねる篤姫に母親は、

「雲には雲の役割、風には風の役割があるように、人にもそれぞれ役割があります。あなたは武家の娘だからいざというときには命を捨てるという役割があるのです。覚悟をしておきなさい」

と答えました。

そして、渋沢の指摘は、現代にもあてはまるような気がします。たとえば、私の若いころは、勉強ができても、自分の得意分野を生かしたいとして商工業高校へ進学する友人がいました。中には、中卒で職人の世界へ飛び込む人もいたのです。それがいつのまにか、実業高校は普通高校よりもランクの低い高校と評価されるようになっているようです。

大学進学が当たり前になり、いわゆる職人の世界では人材不足に悩まされています。まさに渋沢の危惧したことが、現代の日本にも起こっているのです。

ただ幸いなことに、最近、農業や伝統工芸など、ものづくりに関心を持つ若者が出てきているようです。不登校の問題も、過去の価値観にしがみつく親世代と、それを否定する子ども世代のせめぎあいが原因で起こっているのかもしれません。

二〇二〇年一二月、宮大工や左官職人などの技術が無形文化遺産に登録されたのは、喜ぶべきことです。

第10章
論語と算盤
「成敗と運命」を読む

それただ忠恕のみ

自業自得の弱者であっても、人の歩むべき道として思いやる

「解説」で述べるように、渋沢は、必要と考えた事業に段階的に着手し、そのほとんどが成功を収めました。そして最後に行き着いたのは福祉事業でした。

この項は、全体が福祉事業に携わる人々に向けた言葉です。事業に携わる人々の心構えを、今回も「忠恕《ちゅうじょ》」という言葉で説いています。

渋沢が明治二二年（一八八九）から亡くなる昭和六年（一九三一）まで院長を務めた「東京市養育院」は明治の初めに開設されましたが、大正四年（一九一五）時点で一五〇〇人から一六〇〇人もの窮民が収容されていたそうです。

渋沢は、彼らの中には、一生懸命に生きているにもかかわらず運が悪くて窮民になった

り、行き倒れになったりした者もいるが、その多くは自業自得の結果であるとしつつ、

「しかしながら、彼らを自業自得の者なりとして、同情をもって臨まぬは甚だよろしくない。それ吾人の須臾《しゅゆ》（わずかな時間）も離るべからざる人道なるものは、一つに忠恕《ちゅうじょ》に存するものであるから、いずれもその職務に忠実にして、しかして且つ仁愛の念に富まねばならぬ」

そして、とくに医療に携わる人々が、彼らを自己研究の対象にするようなことがあってはならないと戒めています。

「研究さるるも程度問題であるから、絶対に悪いとは言わぬが、医員諸氏においては、患者を治療するということが、当面の義務と信じて勉励せらるることを望むのである」

とはいえ、現代においては、「自業自得の輩《はい》」や「絶対に悪いとは言わぬが」や、

あるいは次のような渋沢の言葉には抵抗感を持つ人もいるかもしれません。

「常に憐愍《れんみん》の情を欠いてはならぬ……彼らには精神上欠陥する所が多い。社会の落伍者《らくごしゃ》、敗残者として、これに同情するということが、前に述べた忠恕である」

たしかに、人権意識が強くなった現代、「憐愍」「落伍者」「敗残者」などという言い方は影をひそめています。ですからやはり、この本が書かれた時代を振り返ってみることが必要でしょう。渋沢が事業家として生きていた時代は、国をあげて「富国強兵」に邁進していた時代です。社会的弱者に目を向ける余裕はなかったと思われます。

もちろん「児童福祉法」もなく、今のような保険制度、年金制度もありませんでした。慈善事業など、怠け者を増やすだけだとそしる人もいたでしょう。

そんな時代に社会事業に取り組み、晩年まで「救護法」の成立を切望した渋沢の「忠恕」の心は尊いと私は思っています。おそらく、渋沢の心のうちには、人足寄場《にんそくよせば》をつくって無宿人に職を与えようとした松平定信の姿があったに違いありません。

失敗らしき成功

名を捨てないで実を取るのが、一般営利と違う精神事業の成功

この項の前半は、中国で生前に治績をあげた堯舜《ぎょうしゅん》・禹湯《うとう》・文武・周公などより、一見失敗して不遇だったとされる孔子のほうが、後世崇拝する者が多くて真の成功者とされることを含め、第6章の「人格の標準は如何」の項で述べられている藤原時平と菅原道真、楠木正成と足利尊氏などの比較とほとんど同じ内容を繰り返しています。

第6章では、「富の点では時平・尊氏が勝ったが、真に人を評価せんとならば、富貴功名は第二に、人の世に尽くした精神と効果を見ると、道真・正成に価値がある」ということを言っていました。

この項でも、要約すると「人の成功・失敗を論じるとき、眼前に現れた事柄のみを見る

と、正成や道真は失敗者、尊氏や時平は成功者となるが、後世、尊氏や時平を尊敬する人はいないのに対し、正成や道真を尊崇する人は天下に絶えない。これを見れば、正成や道真の失敗は決して失敗ではなく、かえって彼らは真の成功者である」と断じています。

しかし、こうした第6章と重なる主張よりも、むしろこの項では、後半部分に出てくる「一般営利事業」と「精神上の事業」との違いのほうが注目されます。

渋沢は、第6章と重なる前半の主張のあとで、一転こんなことを言っています。

「これらの事実より推して考えると、世のいわゆる成功は必ずしも成功でなく、世のいわゆる失敗は必ずしも失敗でないということが、頗《すこぶ》る明瞭《めいりよう》になるが、会社事業その他一般営利事業のごとき、物質上の効果を挙げるのを目的とするものにあっては、もし失敗すると、出資者その他の多くの人にも迷惑を及ぼし、多大の損害を掛けることがあるから、何が何でも成功するように努めねばならぬものである……」

ここで渋沢が事業などの「成功」と言っているのは、むしろ前段で否定していた世俗的成功のことです。「世のいわゆる成功は必ずしも成功でなく、世のいわゆる失敗は必ずしも失敗でない」と言いながらも、じつは一般営利事業の世界では、そうは言っていられない現実がある、そのことを実務家・実業家としての渋沢は見過ごしていないのです。

会社事業などでは、いわゆる「失敗」の影響が個人のレベルに留まらず、出資者など広範囲に多大な損害をもたらします。この世界では、「失敗必ずしも失敗にあらず」などと、のんきなことは言っていられない、「何が何でも成功するように努めねばならぬ」とまで言って、実業家としての渋沢の本音が噴出しています。

しかし、この議論がここで終わらないところが、凡百の実業家と渋沢の違うところです。続けて、次のように言っているのです。

「……が、精神上の事業においては、成功を眼前に収めようとするごとき浅慮《せんりょ》をもってすれば、世の糟《かす》を啜するがごとき弊に陥って、毫《ごう》も世道人心の向上に貢献するを得ず、永遠の失敗に終わるものである」

ここまで読むと、前の引用で渋沢があえて「一般営利事業」という言葉を使ったわけがわかってきます。つまり同じ事業でも、普通の営利事業と「精神上の事業」とを渋沢は分けて考えているのです。そしてこの「精神上の事業」においては、一般営利事業と同様な成功を収めようとすると、「世の糟を啜するがごとき弊に陥って」失敗すると警告しています。

では「精神上の事業」とはどんなものを指しているのでしょう。

次のくだりを読めばわかってきます。つまり、たとえば新聞雑誌の発行など、いわゆる人間の精神修養面に関わる文化的な事業のことを指しているようです。

このような事業では、本来、新鮮な素材による生き生きした情報を扱わねばならないのに、目先の利益に捉われていると、使い古された養分のない「世の糟」ばかりを扱うことになって、永遠の失敗に終わると言っているのです。

「例えば、新聞雑誌のごときものを発行して、一世を覚醒せんとしても、この目的を達するがために時流に逆らって反抗すれば、時にあるいは奇禍《きか》（思いがけぬ災難）を買って、世のいわゆる失敗に陥り、苦い経験を嘗《な》めねばならぬご

とき場合が、ないとも限らぬのである。しかし、それは決して失敗ではない。仮令《たとい》、一時は失敗のごとくに見えても、長い時間のうちには努力の功空しからず。社会はこれによって益せられ、結局その人は必ずしも千載の後を待たずとも、十年二十年あるいは数十年を経過すれば、必ずその功を認められることになる」

「世の糟」を喫しないよう、あえて時流に逆らうことも厭わなければ、時には思わぬ災難に遭うこともあるでしょう。しかしそれに屈しないで頑張れば、この事業はいずれそんなに長い時間をかけなくても、その功を認められるようになると、渋沢は「精神上の事業」に格別な期待を寄せているようです。

「文筆言論、その他すべて精神的方面の事業に従事する者」は、目先の成功に捉われず、時流におもねることなく努めることで、**「黄河の澄む期節《じせつ》」**（待望のときが訪れる時期）が訪れ、かの孔子の偉業にいたらないまでも、**「後昆《こうこん》**（後の世の人）**を裨益《ひえき》**（役立つこと）**し、人心の向上発達に貢献し得ることになり得るものである」**と述べていることからも、渋沢の「精神上の事業」への思い入れがうかがえます。

そうした思いがあったからこそ、この『論語と算盤』など、まさに「精神上の事業」である著作活動にも並々ならぬ力を注いだのでしょう。

日本には古くから、「名を取るか実を取るか」の判断基準があります。俗にいわれる成功者の多くは「実」を取っています。実業の「実」もこの「実」から来ている部分が多いでしょう。しかし渋沢は、この「実」に勝る価値として「名」を大事にしているのです。

こうした渋沢の精神性とでもいうべき特徴は、関東土着の農民思想から武士道への道のりの中でどう築かれたのか。司馬遼太郎氏の『この国のかたち』にあった次の記述（「朱子学の作用」より要約）が参考になります。

「開拓農民の政権（鎌倉幕府）が関東に成立し、農地はそれを管理する〝武士〟の所有になって、彼らは京の公家・寺社と違う土着の倫理をもっていた。

『名こそ惜しけれ』

はずかしいことをするな、という坂東武者の精神は、その後の日本の非貴族階級に強い影響をあたえ、いまも一部のすがすがしい日本人の中で生きている」

この武士道の根幹ともいうべき「名こそ惜しけれ」がある以上、「名を捨てて実を取る」思想に渋沢は与《くみ》することはできません。

実業家としての渋沢の成功・失敗の思想の根幹には、いくら実を取ってもそこに名を捨てない姿勢、つまり名を捨てないで実を取るという、矛盾した難しく欲張りな考えがあり、それが渋沢の偉業を偉業たらしめたと言えそうです。

人事を尽くして天命を待て

力を尽くせば何事もなるとは限らない

「人事を尽くして天命を待つ」は、中国の『読史管見《とくしかんけん》』という書物に見られる言葉です。

この書物は、中国の儒学者・胡寅《こいん》が、「歴史を読んで」書いたもので、冒頭の言葉は、四世紀に活躍した中国東晋の政治家・謝安の言葉として紹介されています。謝安は、淝水《ひすい》の戦いで勝ったときにこう言ったとされています。

この言葉の意味は文字通り、「やるべきことはすべてやったのだから、あとは天命に任せよう」ということです。

渋沢は、この言葉にある「天」とはいかなるものかをまず考えています。

「……人体を具《そな》えたり、祈願の有無によって、幸不幸の別を人の運命の上につけるごときものではない。天の命は、人のこれをしりもせず覚りもせぬ間に、自然に行なわれてゆくものである」

渋沢はそれを、四季が順当にめぐってくるようなものと言い、それに従い、敬い、信じなければいけないと思うことが大事だとしています。そうすれば、「『人事を尽くして天命を待つ』なる語のうちに含まるる真正の意義も、初めて完全に解し得らるるようになるものかと思う」というのです。結論として渋沢が考えたことは次のようなものでした。

「人格ある霊的動物なりともせず、天地と社会との間に行なわるる因果応報の理法を、偶然の出来事なりともせず、これを天命なりとして恭、敬、信の念をもって対するのが、最も穏当なる考え方であろうかと思うのである」

私は、このくだりを読んで、再び西郷隆盛の言葉「道は天地自然の物にして、……」や

「天を相手にせよ」を思い出しました。西郷の生涯に思いを馳せるとき、私も西郷や渋沢の言う意味が理解できたように思えたからです。

たとえば、薩摩の下級武士の家に生まれた西郷があれほどの人物になり得た背景に、開明派藩主として名高い島津斉彬の名を欠かすことはできません。

詳述は避けますが、斉彬はさまざまな理由で藩主に就く時期が遅れています。しかし、もし斉彬が若いときに藩主になっていたら、まだ子どもだった西郷という人材に出会うことはなかったかもしれません。

つまり、二人の出会いは、「天命」のなせるわざとしか言いようがないのです。西郷が「道は天地自然の物」と言ったのは、まさに実感だったのでしょう。

順逆の二境はいずれより来るか

順境も逆境もありえない。自分でつくり出すもの

地位もなければ富もない、しかも引き立ててくれる人もいないが、非凡の能力があって、健康にも恵まれ、しかも努力家だという人がいたとします。その人がひとかどの人物になると、世間は「順境の人」と言いたがり、運がいいからそうなったと言いたがるものです。渋沢は、そういう見方を否定しました。

「彼を順境の人と思うであろうが、実は順境でも逆境でもなく、その人自らの力でそういう境遇を造り出したに過ぎないのである」

また逆に、落第ばかりしてやっとのことで卒業して社会に出ても、なんの役にも立たず、家族からも友人からも見捨てられ、やけになって悪所に踏み入れるようになった人物についても、これを「逆境の人」と呼ぶのは間違いだというのが渋沢の主張です。

「世人はこれを見て逆境の人といい、またそれが如何にも逆境であるらしく見えるのである。実はそうでなくて、皆自ら招いた所の境遇であるのだ」

渋沢は、唐代中期の思想家・韓退之《かんたいし》（韓愈）が、ともに遊んだ幼馴染が大人になってからの境遇に大きな差ができてしまうのは、勉強したかしなかったかの違いであると言っていることから、

「こは主として学問を勉強することについて、いったものであるとはいえ、またもって順逆二境のよって岐《わか》るるを知るに足るであろう。要するに悪者は教うるとも仕方なく、善者は教えずとも自ら仕方を知っていて、自然とその運命を造り出すものである。ゆえに厳正の意味より論ずれば、この世の中には順境も

逆境も無いということになる」

さらに渋沢は、上に立つ者の心得としても、順境逆境を云々することの間違いを指摘しました。孟子が梁の恵王に言った言葉、**「王歳《とし》を罪することと無くんば、ここに天下の民至《いた》らん」**を引いています。

つまり、豊作・凶作を天候のせいにしていては、民はついてこないという意味で、**「あたかも自ら逆境を造りながら、その罪を天に問わんとすると同一主義である」**としているのです。自業自得だということでしょうか。

とはいえ、世の中には、どんなに勉強をしてもその努力が実らないという人もいます。そうした抵抗感を持ちながら読んでいくと、最後に渋沢が次のように言っています。さすがに言いすぎたと思ったのでしょうか。

「余は逆境はないものであると、絶対に言い切りたいのであるが、そうまで極端に言い切れない場合が一つある」

すなわち、才能もあり、よく勉強する人でも、志を順当に果たしていく人と、挫折してしまう人がいることを認め、後者に対してだけは**「真意義の逆境なる言葉を用いたい」**と言っているのです。

しかし現実には、こういう人は渋沢が考えるよりも多くいるように思うのですが、いかがでしょうか。

成敗は身に残る糟粕

成功も失敗も、糟粕のように取るに足らないもの

糟粕《そうはく》とは酒のかす、残りかすを意味し、つまらないことのたとえに使われます。

福沢諭吉は『福翁百話』の中で、「夫れより尚ほ下りて長き腸を廻り廻りて通過する間に、骨肉の養と為る部分を吸収して、無用の糠粕《こうはく》を下より排洩す」と述べています。福沢流に言えば、失敗も成功も、排泄物のようにくだらないものだということでしょうか。

「善人が運拙《つたな》くして失敗した者があろうが、それを見て失望したり悲観したりするには及ばないではないか。成功や失敗のごときは、ただ丹精した人の身に残る糟粕《そうはく》のようなものである」

これに次いで、世の人は成功とか失敗とかにこだわって、それよりももっと大切な天地の間の道理を見ていないと渋沢は言います。

豊臣と徳川の争いの結果も、天の配剤であり、さらに徳川は、その運命を知力で補佐することで勝利したのだと言います。

「そも豊臣氏愚なるか、徳川氏賢なるか、余は徳川氏をして三百年の泰平の覇業を成さしめたものは、むしろ運命のしからしむる所であったと判断する」

つまり、道理がすべての物事の源だと言いたいのでしょう。

「道理は天における日月のごとく、終始昭々乎《しょうしょうこ》として毫《ごう》も昧《くら》まさざるものであるから、道理に伴って事をなす者は必ず栄え、道理に悖《もと》って事を計る者は必ず亡ぶることと思う」

道理に従って行動すれば、成功したとか失敗したとかいうことはどうでもいいことであり、それ以上に価値のある人生を送ることができると渋沢は言います。

だから、たとえ成功したとしても、人としての務めを果たした上でのものであるなら、その成功も糟粕のように問題にする価値はないということです。

私は、こうした渋沢の意見にやはり朱子学の特質を感じます。それは、荻生徂徠が批判したように、道理とか徳をもっとも価値あるものとしていることです。

荻生徂徠は、一揆や打ちこわしが起こったとき、徳も大事だが、それよりも現実的にどんな政策が採れるかが、上に立つ者の資格として大事であるとしました。

要するに、道徳至上主義という楽観的な考え方を批判したのです。もちろん、渋沢の言葉には、耳を傾けるべきところが多々あることは確かです。しかしその一方で、楽観的な道理が通用するかどうか、そのことをよく考えるべきでしょう。

解説

私と渋沢栄一の不思議な因縁

私は生まれも育ちも鹿児島ですが、学生時代を東京で過ごし、鹿児島へ帰ってからも、東京には何度となく行っています。しかし、平成二一年（二〇〇九）の上京ほど、「東京」へというより「江戸」へ行った甲斐があったと思ったことはありません。

ここであえて「江戸」と言ったのにはわけがあります。この上京のとき、江戸幕府にゆかりのある徳川文武氏にお会いすることができたのです。

文武氏は昭和一二年（一九三七）生まれで、徳川最後の将軍・慶喜の弟で水戸藩主だった昭武の曽孫《ひまご》であり、昭武の息子の代から水戸徳川家の別家になった松戸徳川家の第三代当主にあたります。

そして、私は当時埼玉県深谷市の市長だった新井家光氏を表敬訪問することになり、文武氏も同行してくださいました。私たちが深谷市長を訪問することになったのは、ここが渋沢栄一の生誕地だったからです。

渋沢は、明治・大正・昭和にまたがって活躍した実業家であり、日本資本主義の最大の牽引力になった人です。ですから、文武氏が同行してくださったというよりは、私がお供をしたという言い方のほうが正しいかもしれません。

というのは、渋沢とは、文武氏のほうがずっと縁が深いといえるからです。

日本が明治維新を迎える直前の慶応三年（一八六七）四月、フランスで「パリ万国博覧会」が開催されました。これに日本も参加することになり、その幕府側代表に任命されたのが文武氏の曽祖父にあたる一四歳の徳川昭武で、昭武はお供に渋沢を連れてパリに乗り込んでいきました。

のちに薩摩藩率いる新政府軍と徳川慶喜率いる旧幕府軍は戊辰戦争で敵味方に分かれますが、このパリ万博でも同じようなせめぎあいがありました。そういう意味でパリ万博は、いわば戊辰戦争の前哨戦のようなものだったともいえるでしょう。

じつは薩摩藩は出発前から、家老・小松帯刀《たてわき》の指揮のもと着々と準備を進め、昭武がパリに着いたころには、すでに幕府に先駆けてあらゆるお膳立てを調えてしまっていたのです。幕府の者は歯ぎしりをして悔しがったと思います。

たとえば、薩摩藩は単独で「薩摩パビリオン」を出展するために、万博前年の一〇月から四〇〇余箱もの出品物を積み出していました。そして、幕府使節の猛烈な抗議にもかかわらず、「日本薩摩太守政府」の名で、あたかも薩摩藩が独立国であるかのような体裁を装いました。

佐賀藩も「日本肥前太守政府」と名乗ることになり、幕府は「日本大君政府」と名乗らざるをえなくなりました。そのために、「日本という国はドイツ連邦のように多くの国で構成されている」という印象を与えることになってしまったのです。

さらに薩摩藩は、「薩摩琉球国勲章」を用意してナポレオン三世をはじめ高官に贈りました。それがいっそう、薩摩藩と幕府は対等という印象を強めたのです。幕府も慌てて同様の勲章をつくらせましたが、万博開催中には間に合わず、幻の「葵勲章《あおいくんしょう》」になってしまいました。

渋沢は、万博後もパリに残った昭武と行動をともにしますが、戊辰戦争での敗北を知らされて帰国の途につきます。故国が近づいた一二月一四日の昭武の日記には、フランス語で、「朝、故国の陸が見える。あのならず者（gredin）薩摩めの岸に沿って進む」と記されています。悔しさがにじんでいますが、渋沢の思いも同じだったでしょう。

それから一四〇年余を経て、薩摩出身の私と徳川家末裔《まつえい》の文武氏が渋沢の故郷を訪問し、渋沢について語り合うという、その因縁に私はいたく感動しました。

私は経済の専門家ではありませんが、稀代の実業家・渋沢栄一を抜きにして日本の近代史を語ることはできないと思っています。

彼は深谷の豪農の出身でしたが、縁あって一橋家に仕え、昭武に付いて初めてパリを訪れ、このパリ行きをきっかけに、西欧の近代思想を真っ先に身につけました。そして、幕府崩壊の危機をテコにして、まさに日本財界の祖ともいえる存在にまでなったのです。

渋沢の生い立ちにある「論語と算盤」の原点

では、「論語と算盤」に象徴される渋沢の実業思想は、どのようにして育まれたのでしょうか。その秘密は、彼の生まれと生い立ちにありそうです。

たとえば、東京と大阪でそれぞれ商法会議所のトップになり、東西経済界の横綱として渋沢と並び称される大物に五代友厚がいますが、純粋な実業家ということになれば、やはり渋沢のほうが上でしょう。

それは、五代は父が薩摩藩藩校「造士館」で儒学を教える学者で、武士の家風で育ったのに対して、渋沢は豪農の息子として生まれ育っているからです。

しかも渋沢家は、養蚕や藍玉の商品生産も行っていたので、商工業も営んでいたことになります。製造すると同時に、周囲の生産者から集荷して販売するという問屋業も営んでいました。農家というよりは商家といったほうが妥当でしょう。つまり渋沢は、農・工・商の環境で育ったことになります。

渋沢が一四歳のときでした。祖父とともに買いつけに行くはずが、渋沢は祖父を置き去りにして出かけてしまいました。子どもと見た仕入先は当然相手にしてくれません。しかし渋沢は、出された藍葉の品質を「肥料が足りない」とか「乾燥が不十分だ」とかと的確な指摘をして、相手が自分を見る目を変えさせてしまいました。相手は感心したり面白がったりし、結果として最良の藍葉を仕入れることに成功したのでした。

その他、御用金供出を命じる藩の役人の横柄な態度に怒り、討幕に目覚めたともいわれていますし、神道無念流の剣術を学んだり、学問に勤しんだりと、血気盛んな青春時代を送ったようです。

そんな渋沢が、利益を追求する財界人として、社会還元に努める社会事業家として活躍するようになった背景には、母・お栄《えい》の教えがあったのではないでしょうか。

たとえば、前出の渋沢秀雄氏の著書『澁澤榮一』には、次のようなエピソードが紹介されています。

なんでもお栄は、当時恐れられていた、ハンセン病（当時は、らい病といいました）患者と平気でつきあい、彼らがくれる食べ物も気にせず口にしていたといいます。医者が言う「うつらない」という話を信じていたそうです。

「手許《てばか》村の鹿島神社の境内に年古《としふ》りたケヤキの大木があって、太い幹の内部がウツロになっている。そして昔からなかに井戸があり、その井戸水で立てた湯は万病にきくと言われていた。そのため境内には共同浴室が設けられ、多くの村人がその霊水を浴びにきた。ある日お栄が近所の人たちと入浴しているところへ、例の癩《らい》患者が来た。当然ほかの入浴者はみな逃げ出したが、お栄はあとに残って、女の背中まで流してやったという」

ハンセン病に関する正しい知識によって、「差別してはならない」と教えた母の影響力の大きさを思わずにはいられません。

渋沢は四五歳から亡くなるまでの約四六年間、身寄りのない子どもや老人、路上生活者や障害のある人などを救済する「東京養育院」の院長を務めています。この施設は、日本最初の公立救貧施設でした。

母の教えはもちろんのこと、やはり子どものころからの『四書五経』、とくに『論語』の素養を通して、人への思いやりが身についていたからでしょう。

西郷や慶喜との出会いも「天の配剤」

母に教えられ、思いやりの心を育んでいった渋沢でしたが、その一方で、「何者かでありたい」「何事かをし遂げたい」という野心を持つ血気盛んな若者でもありました。しかも、当時の日本は、佐幕《さばく》だ尊王だ、攘夷だ開国だと騒然とした時代のど真ん中にありました。

そんな渋沢に大きな影響を与えたのが、二歳年上の従兄・渋沢喜作でした。渋沢は喜作とともに、時代に翻弄されながら成長していったのです。

まず、尊王攘夷の考えを持った二人は結託して、高崎城を乗っ取って横浜の外国人居留地を焼打ちするという無謀な計画を立てました。しかしこのときは、師でもあった従兄の尾高惇忠の説得であっさりと断念しています。

その後渋沢は、計画が幕府に知れると家に迷惑がかかると思い、喜作と一緒に京都へ身を潜め、そこで多くの勤王の志士たちと知り合いました。その中にはなんと西郷隆盛までいて、豚鍋をつつき合う仲になったと回顧しています。

西郷が渋沢にどんな影響を与えたのか、『論語と算盤』にもその一端が書かれています。また、拙著『西郷隆盛はどう語られてきたか』（新潮文庫）の中でも、渋沢が語った西郷の一面を紹介してあります。

西郷は「禁門の変」で幕府方についていますから、このとき、のちに十五代将軍になる一橋慶喜と縁ができました。渋沢は当時、慶喜のために探索活動に当たり、西郷は島津久光の名代として他藩応接に当たっていました。

禁門の変が起こった元治元年（一八六四）、渋沢と喜作は一橋家の用人・平岡円四郎に呼ばれて江戸へ戻り、慶喜に仕えることになりました。平岡は西郷の師である藤田東湖や橋本左内とも知り合いで盟友でしたから、西郷と渋沢は緊密な仲になったのでしょう。

西郷の上京前、渋沢は京都で薩摩藩の兵学者・折田年秀の門人になっていましたから、三島通庸《みちつね》ら多くの薩摩藩士と親しく交わっていたようです。

そして慶応二年（一八六六）、慶喜が将軍になったために、渋沢は自然の成り行きで幕臣となっていきました。翌年、パリ万博に会計担当官として随行したのです。

そういう意味で、渋沢の歩みはまさに「天の配剤」といえそうです。幼いときから培ってきた「事業家」としての渋沢の目に映ったパリ万博の光景は、並の人間には見えない様相だったに違いないからです。

一方、喜作は、慶応四年（一八六八）に起こった戊辰戦争に参戦後、江戸に帰って彰義隊の頭取になり、前将軍警護や江戸の治安維持などで活躍しています。

しかし、江戸無血開城にともない、慶喜が謹慎していた上野寛永寺から水戸に移ると、彰義隊の中で対立が起こります。過激な行動に走ろうという副頭取・天野八郎と対立した喜作は彰義隊を脱退します。

天野八郎を頭取にいただいた彰義隊は、上野寛永寺に本拠を置いて新政府軍と徹底抗戦の構えを見せたのですが敗れ、捕らえられた天野は獄中で病死しました。

彰義隊を脱退した喜作は、彼に同調した仲間と「振武隊」を結成し、最後は榎本武揚とともに箱館の五稜郭まで進出し、降伏するまで新政府軍と戦いました。

降伏後、渋沢の仲介で大蔵省に入った喜作は、やがて事業家としての才覚を発揮して、生糸貿易や廻米問屋の経営で成功しています。事業家としての渋沢家の血筋を持って生まれた人間の当然の帰結だったのでしょう。

『論語と算盤』に行き着くまでの五段階

さて、パリ万博から帰国した渋沢は、一時、静岡で謹慎していた慶喜に仕え、ここで勘定組頭となり、事業家としての一歩を踏み出しました。その歩みを、大きく五つの段階に分けて挙げてみたいと思います。

第一の段階＝「会社」というものをつくった

パリ万博で滞在したヨーロッパで会社という組織に興味を持った渋沢は、帰国するとさっそく政府から五〇万両（幕末の一両の価値はかなり下がっていて現在の一万円。五〇万両は五〇億円くらい）の太政官札を借り入れ、日本最初の株式会社ともいえる合本《がっぽん》会社「商法会所」設立に着手しています。

しかし、じつはその実態ははっきりしていません。かつて経済官僚でもあった作家の堺屋太一氏は、『日本を創った12人』（ＰＨＰ文庫）で次のような指摘をしています。

「実は、業務内容もはっきりしないまま、政府から借り入れた資金で、とにかく会社をつくるという発想だったらしい。そこにこそ、のちに活躍する渋沢の思想的根拠、考え方がよく出ている。つまり渋沢栄一が興味を持ったのは、金儲けでも産業育成でもなく、組織をつくることだったのである」

渋沢の機動力の原点には、会社という組織づくりがあったのでしょう。先進諸外国と対等になるためには、国内における近代産業の育成と発展が急務であると考えていたに違いありません。

第二の段階＝「銀行」というよりは「金融システム」をつくった

「会社」組織をつくった渋沢は、間もなく勘定組頭を辞職し、新政府の大蔵官僚になりました。そして、明治四年（一八七一）、通貨が両から円に切り替わり、翌明治五年（一八七二）、国立銀行条例が制定されました。

そこで、すでに金融・通貨・会社機構に関するスペシャリストとして知られていた渋沢は、明治六年（一八七三）、大蔵省を退官し、日本初の銀行「第一国立銀行」の設立に関わり、翌年頭取に就任しました。

銀行はさらに各地にどんどんつくられていきましたが、渋沢はそれにも関与しています。新潟の第四銀行や宮城の七十七銀行などはいずれも渋沢が関与したもので、当時の名前のまま残っています。

これについても、堺屋氏は、「渋沢栄一の最初の仕事は、銀行設立というよりも、金融制度そのものの創立だった」と述べています。何はともあれ、入れ物をつくり、資金繰りのシステムをつくることが先決と考えたのでしょう。

第三の段階＝「メーカー」の設立

明治六年（一八七三）、東京の王子に抄紙《しょうし》会社（現・王子製紙）設立。

明治一五年（一八八二）、大阪紡績会社設立。この会社がやがて、日本を近代紡績の世界的な中心国として位置づけることになります。

明治二〇年（一八八七）、東京人造肥料会社設立。農業の振興を図るための化学肥料会社です。

その後、東京電力・東京瓦斯《ガス》・帝国ホテル・北海道炭礦鉄道・東洋汽船・京釜鉄道などの重要企業創立の発起人として尽力しています。

また、このころになると、明治政府の「東京日比谷への官庁集中計画」により、官庁舎設立のための良質の煉瓦《れんが》が大量に必要とされるようになりました。

そこで明治二〇年、日本煉瓦製造会社が渋沢の故郷である武蔵国榛沢《はんざわ》郡（現・深谷市）に設立されました。もちろん立地条件がよかったからでしょうが、渋沢の故郷への思いが伝わってくるような気がします。

現在、埼玉県北部には美田地帯が広がっていますが、じつはこの中には煉瓦工場の副産物の水田があります。関東ロームの粘土層を煉瓦に変えることで、その跡地が水田に適する農地になったのです。この地域は畑作地帯でしたから、水田を持ちたいという農民の悲願が期せずして叶ったことになります。

また、この煉瓦工場は日本初の機械式工場であり、建設事業にはドイツ人建築家らが招聘《しょうへい》されました。ホフマン輪窯《わがま》という高性能の窯で焼かれた上質の煉瓦と、突出した製造能力から日本煉瓦製造会社は「関八州の覇王」と称されていました。ちなみに「関八州」とは江戸時代の関東八か国の総称です。

工場所在地の名前からとった「上敷免製」という刻印は、明治期において最優良ブランドの証であり、品質保証のマークだったそうです。その品質のよさから、この赤煉瓦は日本各地で使われました。現在でも、東京駅や法務省旧本館で目にすることができます。

私もホフマン輪窯が公開されたときに見学に行きましたが、多くの人々が訪れていて、関心の深さを実感したものです。

第四の段階＝「財界」というものをつくった

こうして多くのメーカーをつくり、実業界で活躍していた渋沢は、明治二四年（一八九一）、東京商業会議所の会頭になりました。昭和三年（一九二八）にこれが商工会議所になるまでの間、渋沢は会頭を務めていました。

これについては、前出の堺屋氏は次のように説明しています。

「つまり、個々の企業をつくると同時に、『財界』という集団をつくったのである。このことに渋沢は最初から非常に興味を持っていた。

渋沢の考えでは、これからの日本の基本は合本主義であり、みんなから資金を集めて事業を興す協調主義であるべきだ。そのためには、一人一人の実業家や経営者が動くだけではなく、商業会議所を全国に設置し、それの提唱で地方の資産家や商人に資金を出させ、次々と新しい会社を設立していくのが正しい、というものだった。いわば『日本的協調主義』の主張である」

こうした「財界協調主義」は日本独自のものであり、その思想は今日の経団連などにも脈々と受け継がれています。

第五の段階＝社会事業

経済界で活躍し成功を収めたとき、渋沢の目は自ずから社会へ向いていきました。母の教えや若いときに身につけた教養が花を咲かせたのでしょう。福祉事業は、実業界を退いてのちの渋沢のライフワークになったのです。

資本主義を再生する「論語と算盤」

現在の世界を見ると、「はじめに」で書いたような資本主義の曲がり角に直面しています。今まで信じてきた自由主義経済への疑問や転向が起きたのも、百年に一度といわれるアメリカの初の経済破綻の根深さを物語っています。

そしてその後、苦難の道を歩むアメリカで、トランプ前大統領は「自国ファースト」を標榜し、自らグローバル資本主義を否定しました。バイデン大統領はどのようなアメリカにしていくのでしょうか。

そのあたりのことを、二〇〇九年当時、日本総合研究所会長の寺島実郎氏は、次のように語っています。

「麻生首相（当時）は、自民党の両院議員懇談会で『市場原理主義への決別』に言及した。……市場主義・経済主義の行き過ぎがもたらす災禍への反省と路線転換は、今や世界的潮流とさえいえる。

ただ、市場原理主義から決別してどうするのか。IT革命のフロントランナーだったマイクロソフトのビル・ゲイツは、このところ「創造的資本主義」について注目すべき発言を続けている。

人間には『自分の利益を探求する力』と『他者を思いやる力』があることを重視し、資本主義社会も『自由市場システムの不備』がもたらす格差や貧困という課題の解決に向けて踏み出すべきであり、企業活動の目的に『利潤』だけでなく『評価』（社会的価値創造の意義を評価すること）を位置づけるべきだという考えである。

2007年のフォーブス誌の世界資産家ランクで、ビル・ゲイツに次いで2位だった投資家ウォーレン・バフェットも『創造的資本主義』に関するゲイツとの対談で、企業利益の数パーセントをファンドに拠出・プールし、世界の貧困や格差などに立ち向かう財資とする構想に触れている」（『南日本新聞』二〇〇九年八月二四日）

寺島氏は最後に、「はじめに」で紹介したドラッカーが渋沢を称賛している言葉を挙げて、

「あらためて考えるならば、ビル・ゲイツが語る『創造的資本主義』も決して目新しい話ではなく、日本の近代資本主義の父ともいわれる渋沢栄一が、執拗《しつよう》に説き、実践していたことの新展開であることに気づく。……資本主義が節度を持って機能するためには、価値の創造と配分に関する思想的基軸が求められるのであり、渋沢の著書『論語と算盤』は決して古くない」

として、この記事を結んでいます。

さまざまな矛盾を抱えながらも、日本の資本主義の黎明期を力強く築いていったのは、なんと、幕末のパリ万博におけるライバル同士、薩摩の立役者だった五代友厚と幕府側代表随行員だった渋沢でした。

その後、二人はともに大阪と東京で商法会議所会頭になり、西の横綱、東の横綱と並び称されています。

さらに注目すべきことは、その人望が経済界にとどまるものではなかったということです。いずれも人望があればこそ、経済の発展や国力の向上に大きく寄与することができた

のでしょう。

現在、世界的な不況が続き、コロナ禍に襲われ、資本主義の限界が云々されています。中国は、共産主義であればこそ、挙国一致してコロナ禍を早期に収めることができたと、その宣伝に余念がありません。

そんな今こそ、私たちは目先の問題からいったんその目を歴史に転じ、苦難の中で日本の実業界・資本主義をつくった先達を振り返ってみる意味があると思うのです。

〈著者プロフィール〉
原口 泉（はらぐち・いずみ）
志學館大学人間関係学部・法学部教授、鹿児島大学名誉教授、鹿児島県立図書館館長。1947年、鹿児島県生まれ。東京大学文学部国史学科卒業、同大学院博士課程単位取得。専門は日本近世・近代史。NHK大河ドラマ『翔ぶが如く』（1990年）、『琉球の風』（1993年）、『篤姫』（2008年）、『西郷《せご》どん』（2018年）、NHK連続テレビ小説『あさが来た』（2015年）、映画『天外者《てんがらもん》』（2020年）の時代考証を担当。2019年、第70回NHK放送文化賞、第78回西日本文化賞受賞。『龍馬が惚れた女たち』『日本に今一番必要な男 黒田官兵衛』『吉田松陰の妹』（すべて幻冬舎）、『龍馬を超えた男 小松帯刀』（PHP文庫）、『世界危機をチャンスに変えた幕末維新の知恵』『坂本龍馬と北海道』（ともにPHP新書）、『維新経済のヒロイン 広岡浅子の「九転十起」』（海竜社）、『西郷どんとよばれた男』（NHK出版）、『西郷家の人びと』（KADOKAWA）、『西郷隆盛はどう語られてきたか』（新潮文庫）など著書多数。

渋沢栄一『論語と算盤』を読む

2021年2月10日　第1刷発行

著　者　原口 泉
発行人　見城 徹
編集人　福島広司
編集者　小林駿介

GENTOSHA

発行所　株式会社 幻冬舎
〒151-0051　東京都渋谷区千駄ヶ谷4-9-7
電話　03(5411)6211(編集)
03(5411)6222(営業)
振替　00120-8-767643
印刷・製本所　近代美術株式会社

検印廃止

ISBN978-4-344-03749-6　C0095
幻冬舎ホームページアドレス　https://www.gentosha.co.jp/

この本に関するご意見・ご感想をメールでお寄せいただく場合は、
comment@gentosha.co.jpまで。